校企合作大数据与会计专业精品教材

智能会计仿真综合实训

主审　李天霞

主编　韩　怡　吕明月　丁　敏

内容提要

本书以制造型企业的典型经济业务为背景，分别采用手工会计核算和会计信息系统应用两种方式开展全真模拟实训，旨在全面培养学生的会计职业岗位能力。本书分为基础篇和实训篇。基础篇主要介绍了实训总体要求和模拟企业资料；实训篇共分6个实训，内容涵盖期初建账、处理日常经济业务、处理期末会计事项、编制财务报表、进行财务分析和管理会计档案。

本书内容系统，突出实践，贴近岗位需求，可作为各类院校大数据与会计专业的教材。

图书在版编目（CIP）数据

智能会计仿真综合实训 / 韩怡，吕明月，丁敏主编. 上海 ：上海交通大学出版社，2025. 1 -- ISBN 978-7-313-32190-9

Ⅰ. F275.2

中国国家版本馆CIP数据核字第2025LS1045号

智能会计仿真综合实训

ZHINENG KUAIJI FANGZHEN ZONGHE SHIXUN

主　　编：韩　怡　吕明月　丁　敏

出版发行：上海交通大学出版社　　地　　址：上海市番禺路951号

邮政编码：200030　　电　　话：021-64071208

印　　制：北京京华铭诚工贸有限公司　　经　　销：全国新华书店

开　　本：787 mm×1092 mm　1/16　　印　　张：13.25

字　　数：306千字

版　　次：2025年1月第1版　　印　　次：2025年1月第1次印刷

书　　号：ISBN 978-7-313-32190-9　　电子书号：ISBN 978-7-89564-150-1

定　　价：45.00元

PREFACE 前言

会计作为一门集理论与实践为一体的应用型管理学科，是加强经济管理、提高经济效益的重要手段。随着信息技术的迅猛发展，智能化、数字化已经成为现代会计领域的重要发展方向，培养创新型会计人才已成为会计教学改革的重要内容。

为了夯实学生的操作技能，培养学生的会计实践技能和会计职业岗位能力，为其今后走上会计工作岗位打下良好的基础，编者秉持“学中做、做中学”的教学理念，组织编写了这本《智能会计仿真综合实训》。

整体而言，本书具有以下特点。

1 立德树人，德技并修

党的二十大报告指出：“育人的根本在于立德。”本书有机融入党的二十大精神，秉持“立德树人，德技并修”的理念，力求通过高度仿真的企业经营场景和会计实践活动，帮助学生理解财经法规和会计制度的重要性，树立正确的法律意识和制度意识，强化诚信为本、操守为重、坚持准则、不做假账的职业道德，培养严谨自律、精益求精、勇于创新的职业素养。

2 岗课融通，提升技能

本书以会计工作过程为导向，紧贴企业会计岗位需求设计实训项目，并选取了典型的企业会计岗位工作任务，以有效实施岗课融通。同时，本书各实训项目的工作任务环环相扣，引导学生采用手工会计核算和会计信息系统应用两种方式处理模拟企业的经济业务。通过本书，学生将掌握从期初建账、处理日常经济业务、处理期末会计事项，到编制财务报表和进行财务分析，再到管理会计档案等一系列相关技能，从而有效提升自身的会计实践技能和会计职业岗位能力。

3 理念创新，优化课程

本书适应新经济、新制度、新技术、新业态的要求，紧跟数字化、智能化的发展趋势，在现行《企业会计准则》、会计制度的基础上，以主流的会计信息系统为载体，同时兼顾手工会计核算方式，能够满足学生在不同模式下的工作需求。

此外，本书真正做到以学生为中心，合理设置任务实施难度，同时以知识准备、操作视频演示等微课引导学生预习和操作，能够激发学生学习的趣味性和主动性，鼓励学生独立思考、勇于探索，从而有效提高学生的学习效果。

4 资源丰富，平台支撑

本书配有丰富的数字资源，将教材、在线课堂与教学资源相融合，构建了线上线下结合的教学模式。学生可以借助智能手机或其他移动设备扫描扉页二维码获取相关视频，教师可登录文旌综合教育平台“文旌课堂”查看与下载本书配套资源，如配套的实训指导、操作过程微课、实训账套。

本书由李天霞担任主审，韩怡、吕明月、丁敏担任主编，刘跃玉、李明、刘瑞娟、闫雪、欧阳秋萍、佟晓庆担任副主编。在编写过程中，编者参考、借鉴了许多专家学者的研究成果，在此特向他们表示衷心的感谢。本书的案例均为自编，其中涉及的单位及个人信息（如企业名称、人名、地址、联系电话、银行账号、税号等）均为虚构。

由于编者水平有限，书中存在的疏漏或不妥之处敬请广大读者批评指正。

本书配套资源下载网址和联系方式

网址：https://www.wenjingketang.com

电话：400-117-9835

邮箱：book@wenjingketang.com

片头

CONTENTS 目录

基础篇

实训篇

基础篇

实训总体要求

一、实训目的

本实训旨在通过设置模拟企业的生产经营环境和日常经济业务，以手工会计核算和会计信息系统应用为手段，全面提高学生的会计职业岗位能力。

同时，本实训通过分岗实训、小组作业等多种形式，力求让学生认知并熟悉会计职业环境，增强职业道德意识，遵守财经法规和会计制度，提高职场沟通能力与团队协作能力，从而为将来走上会计工作岗位打下良好的基础。

二、实训内容

本实训需要采用手工会计核算和会计信息系统应用两种会计核算手段，处理模拟企业的期初建账、日常经济业务、期末会计事项、财务报表编制、财务分析、会计档案管理等会计工作。其中，本实训使用的会计信息系统软件为用友 U8V10.1，以下简称“用友 U8”。

（一）手工会计核算

手工会计核算的具体实训内容如下。

（1）建立各种会计账簿并登记期初余额。

（2）根据企业发生的日常经济业务填制和审核原始凭证。

（3）根据审核无误的原始凭证填制记账凭证。

（4）根据审核无误的记账凭证登记日记账和明细分类账（以下简称“明细账”）。

（5）根据审核无误的记账凭证编制科目汇总表。

（6）月末，根据科目汇总表登记总分类账（以下简称“总账”），并将总账与明细账、日记账进行对账，然后结账。

（7）根据结账的会计账簿数据编制总分类账户试算平衡表。

（8）根据总分类账户试算平衡表编制财务报表。

（9）根据财务报表进行财务分析。

（10）对会计档案进行整理和归档。

（二）会计信息系统应用

会计信息系统应用的具体实训内容如下。

（1）建立企业账套。
（2）设置企业基础信息。
（3）启用各个管理系统并进行初始设置。
（4）使用各个管理系统处理企业发生的日常经济业务。
（5）对各个管理系统进行月末处理，对账和结账。
（6）生成财务报表并进行财务分析。
（7）导出账簿并备份账套。

三、实训考核

本实训以实际操作考核为主，将过程考核与结果考核、个人考核与小组考核相结合，既评定学生的个人实践操作能力，又评定学生在实践活动中的协调能力和沟通能力，具体如表 0-1 所示。其中，结果考核以实训报告（见表 0-2）的方式呈现，要求各位学生将实训成果（包括会计凭证、会计账簿、财务报表等）与填写完整的实训报告一同提交给指导教师，由指导教师评定各位学生的考核成绩。

表 0-1　考核方式及考核比例构成

考核方式	过程考核 40%		结果考核 60%		合计 100%
	考勤 10%	过程评价 30%	个人作业考核 30%	小组作业考核 30%	
考核成绩					

表 0-2　实训报告

实训报告

课程名称：________

姓名：	学号：
班级：	组号：
实训目的	
实训内容	

（续表）

实训步骤
实训中遇到的问题及解决方法
实训心得
实训成果（包括会计凭证、会计账簿、财务报表等，这些材料需要经过整理并打印，附于实训报告后面）
实训评价 指导教师（签名）： 年　月　日

模拟企业资料

一、基础信息

（1）企业名称：北京宏达金属工业有限公司（以下简称“北京宏达”）。

（2）法定代表人：郑学义。

（3）注册资金：人民币 1 000 万元。

（4）成立日期：2018 年 3 月 20 日。

（5）公司地址：北京市房山区房易路××号。

（6）联系电话及传真：010-565532180。

（7）统一社会信用代码（纳税人识别号）：910324592136526358。

（8）纳税人类型：一般纳税人。

（9）开户银行：中国银行北京××支行。

（10）银行账号：310128636425789。

（11）经营范围：金属制品、铝合金型材、钢制品、铝制品、五金产品、汽车零配件、冲压件等产品的制造、加工及批发、销售。

（12）主要产品：铝制品 A 和铝制品 B。

二、组织结构

北京宏达的组织结构如图 0-1 所示。

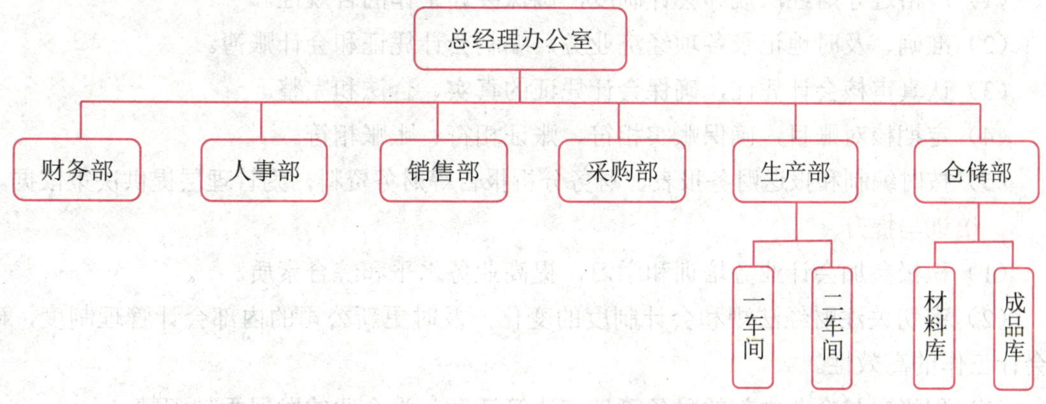

图 0-1　北京宏达的组织结构

北京宏达各部门的职责如表 0-3 所示。

表 0-3　北京宏达各部门的职责

部门	职责
总经理办公室	负责统筹管理企业运营，制订并实施企业战略目标和经营计划
财务部	负责企业的财务管理工作，包括资金管理、成本控制、财务分析等
人事部	负责人员招聘工作和日常行政事务处理工作
销售部	负责制订并实施销售计划，完成企业的销售目标
采购部	负责制订采购计划并实施采购活动
生产部	负责制订并组织实施产品生产计划。其下设的两个基本生产车间分别负责组织不同产品的生产，一车间生产铝制品 A，二车间生产铝制品 B
仓储部	设有材料库和成品库两个仓库，负责生产材料和产成品的入库、存储、出库等仓储管理工作

三、内部会计管理制度

（一）会计人员岗位职责制度

1. 岗位设置与职责

（1）会计主管：负责全面管理企业的会计工作，制订会计制度、核算办法和财务计划，监督各项财务规章制度的执行，确保会计信息的真实、准确和完整。

（2）核算会计：负责企业日常经济业务核算。

（3）总账会计：负责编制和登记总账、明细账，定期对账和结账，编制财务报表和财务分析报告，为管理层提供决策支持。

（4）出纳人员：负责现金、银行存款的收支管理，办理日常报销、收款、付款等手续，确保资金安全。

2. 日常工作要求

（1）严格遵守财经法规和会计制度，确保会计工作的合规性。

（2）准确、及时地记录各项经济业务，编制会计凭证和会计账簿。

（3）认真审核会计凭证，确保会计凭证的真实、合法和完整。

（4）定期核对账目，确保账实相符、账证相符、账账相符。

（5）按时编制和报送财务报表、财务分析报告等财务资料，为管理层提供决策依据。

3. 培训与提升

（1）积极参加会计业务培训和学习，提高业务水平和综合素质。

（2）密切关注财经法规和会计制度的变化，及时更新公司的内部会计管理制度，确保会计工作的高效性。

（3）积极参与企业内部的财务管理和决策活动，为企业的发展贡献智慧。

（二）会计核算基本制度

1. 会计年度和记账本位币

本企业的会计年度自公历 1 月 1 日起至 12 月 31 日止。本企业以人民币为记账本位币。

2. 会计核算基础

本企业采用权责发生制和历史成本进行会计核算，确保所有交易和事项在发生时进行记录，以真实反映企业的经济实质。

3. 会计核算方法

（1）设置会计科目：根据国家统一会计制度的规定和企业管理需要，设置相应的总分类科目和明细科目，以便提供详细的财务信息。

（2）复式记账：采用借贷记账法进行会计核算。

（3）填制和审核记账凭证：使用按月按类别连续编号的专用记账凭证（收款凭证、付款凭证和转账凭证）。

（4）登记会计账簿：开设总账、明细账、库存现金日记账和银行存款日记账。总账和日记账采用三栏式账簿，明细账根据需要分别选用三栏式账簿、多栏式账簿或数量金额式账簿。

（5）成本计算：按照特定对象归集和分配生产经营过程中发生的各种费用，以确定各对象的总成本和单位成本。

（6）财产清查：通过盘点实物并核对账目，查明各项财产物资的实有数额。

（7）编制财务报表：定期编制资产负债表、利润表等财务报表。

4. 会计核算程序

本企业采用科目汇总表账务处理程序（见图 0-2），每 15 日编制科目汇总表。

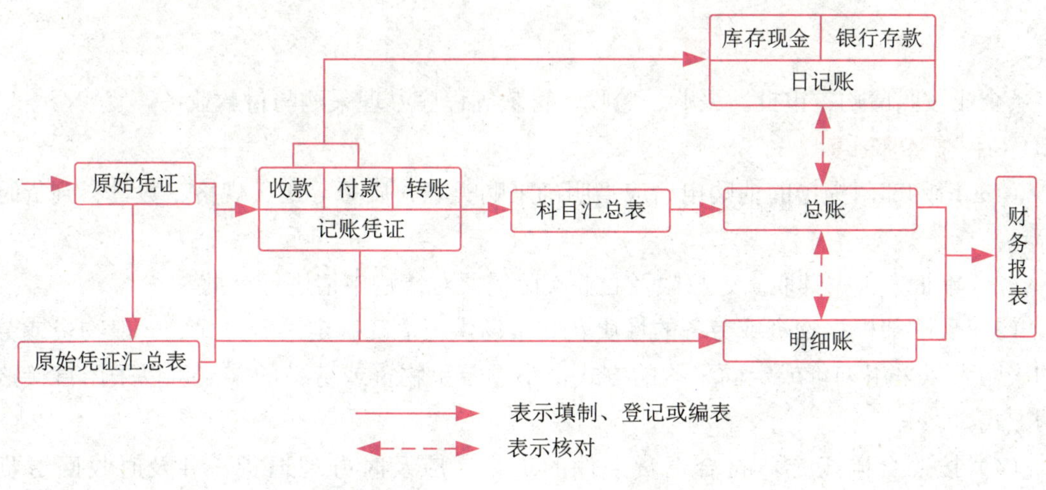

图 0-2　科目汇总表账务处理程序

（三）货币资金管理制度

1．货币资金的管理要求

（1）本企业的收付结算方式包括现金、支票、银行汇票、商业汇票、委托收款、托收承付等。

（2）库存现金实行限额管理，核定的库存现金限额为 20 000 元。现金的使用范围依据《现金管理暂行条例》的规定执行。

（3）职工出差可预支差旅费，出差结束后一次结清。

（4）每日终了，出纳人员对库存现金进行实地盘点，确保库存现金账面余额与实际库存现金金额相符；每月月末，出纳人员根据银行对账单核查银行存款。

2．货币资金支付业务的办理程序

货币资金支付业务的办理程序如表 0-4 所示。

表 0-4　货币资金支付业务的办理程序

步骤	具体要求
支付申请	用款部门或人员应当提前向审批人（总经理，下同）提交货币资金支付申请，注明款项的用途、金额、预算、限额、支付方式等内容，并附上有效的经济合同、原始单据或相关证明
支付审批	审批人应当根据其职责、权限和相应程序对货币资金支付申请进行审批。对不符合规定的货币资金支付申请，审批人应当拒绝批准
支付复核	复核人（会计主管，下同）应当对经批准的货币资金支付申请进行复核，复核货币资金支付申请的批准范围、权限、程序是否正确，手续及相关单据是否齐备，金额计算是否准确，以及支付方式、支付企业是否妥当等
支付办理	出纳人员应当根据复核无误的货币资金支付申请，按照规定办理货币资金支付手续，并及时登记现金日记账和银行存款日记账

（四）采购与付款管理制度

本企业按照请购、审批、采购、验收、付款等程序办理采购与付款业务。

1．采购管理制度

（1）请购部门提出的请购申请应当明确采购类别、质量等级、规格、数量、到货时间等。

（2）审批人根据其职责、权限及企业实际需要对请购申请进行审批。

（3）采购部根据物资或劳务的性质及其市场供应情况确定采购方式。一般物资或劳务的采购可以采用询价或定向采购的方式，小额零星物资或劳务的采购可以采用直接购买的方式。

（4）按照合同规定，符合退货条件的货物，应及时办理退货，并及时收回退货货款。

2．付款管理制度

（1）采购部在办理付款业务时，应当对采购合同约定的付款条件，以及采购发票、结算凭证、检验报告、计量报告、验收证明等相关凭证进行严格审核，然后提交付款申请。

（2）财务部应当先根据采购合同、采购发票等对付款申请进行复核，然后提交审批人进行审批，经审批后方可付款。

（3）财务部应当加强应付账款和应付票据的管理，并指定专人按照约定的付款日期、折扣条件等管理应付款项。

（4）采购部、财务部等相关部门应当每季度或每半年与供应商核对应付账款、应付票据、预付账款等往来款项。

（五）销售与收款管理制度

1．销售管理制度

（1）销售部应当与客户签订正式销售合同。销售合同应当符合《中华人民共和国民法典》中有关合同的规定。

（2）销售部应当按照经批准的销售合同编制销售通知单，并将该销售通知单下达给仓储部。

（3）仓储部应当严格按照销售通知单所列的发货品种、规格、数量、时间、方式、接货地点等组织发货，并填制货物出库单和发货单。

（4）财务部应当对销售合同及实际出库的记录凭证进行审核，审核无误后向客户开具销售发票。

（5）销售退回必须经销售主管审批后方可执行。财务部应当对产品检验证明、退货接收报告、退货方出具的退货凭证等进行审核，审核无误后方可办理相应的退款事宜。

2．收款管理制度

（1）销售商品收到的现金及各种票据应在当日送存银行。

（2）以银行转账方式办理的销售收款应当通过企业的基本存款账户进行结算。

（3）销售人员应当避免直接接触销售现款。

（4）销售部、财务部等相关部门应当每季度或每半年与往来客户通过函证等方式核对应收账款、应收票据、预收账款等往来款项。

3．坏账处理制度

（1）每年年末，财务部按照应收账款余额百分比法计提坏账准备，计提比例为应收账款期末余额的2%。

（2）对于确定发生的坏账，销售部、财务部等相关部门应当查明原因，明确责任，并在履行规定的审批程序后做出相应的会计处理。

（3）对于已核销的坏账，财务部应当进行备查登记，做到账销案存。当已核销的坏账又收回时，财务部应当及时入账，防止形成账外款。

4. 票据管理制度

（1）财务部应当加强应收票据的审核，防止购货方以虚假票据进行欺诈。

（2）应收票据应当由专人保管。对于即将到期的应收票据，保管人员应当及时提醒付款人付款。

（3）应收票据的贴现必须经由保管票据以外的主管人员的书面批准。

（六）存货管理制度

本企业的存货包括在日常活动中持有以备出售的产成品和原材料。产成品包括铝制品A和铝制品B，原材料包括铝棒、铝锭、液压油和油漆。

（1）存货按照实际成本进行初始计量。

（2）存货发出成本采用月末一次加权平均法的计价方法，并在每月月末一次性结转。

（3）存货的入库分为正常入库和非正常入库，出库分为正常出库和非正常出库。

（4）原材料的存货属性为外购和生产耗用，产成品的存货属性为自制和销售。

（5）各类存货的明细账均采用数量金额式账簿。

（6）存货采用永续盘存制进行管理。盘点存货时，相关人员应当及时编制存货盘点表，分析存货盘盈或盘亏的原因，并提出处理意见，经相关部门批准后，在期末结账前处理完毕。

（七）固定资产管理制度

本企业的固定资产分为房屋及建筑物、机器设备、运输工具、办公设备四类。所有固定资产均处于正在使用状态。

（1）固定资产的增加方式主要有直接购入、投资者投入、捐赠和盘盈，固定资产的减少方式主要有出售、投资转出、捐赠转出和报废。

（2）固定资产按月计提折旧。当月增加的固定资产，当月不计提折旧，从下月起开始计提折旧；当月减少的固定资产，当月照提折旧，从下月起停止计提折旧。

（3）固定资产采用年限平均法计提折旧，折旧率保留小数点后四位。

（4）固定资产的预计净残值率为5%。

（5）对于固定资产的日常修理等维护支出，与产品生产有关的计入制造费用，与产品生产无关的计入当期损益（管理费用、销售费用）。

（6）在盘点固定资产前，相关人员应当核对固定资产账簿记录，保证账账相符；盘点后应当根据盘点结果编制固定资产盘点表，并编制固定资产盘盈、盘亏报告表。

（八）职工薪酬管理制度

（1）本企业职工的月工资由基本工资、岗位津贴、加班费、奖金等构成，具体标准如表 0-5 所示。

表 0-5　企业职工薪酬标准

<table>
<tr><th>职工类别</th><th>基本工资/元</th><th>岗位津贴/元</th><th>加班费/（元/天）</th><th>奖金/元</th><th>病假扣款/（元/天）</th><th>事假扣款/（元/天）</th></tr>
<tr><td>管理人员</td><td>10 000.00</td><td>1 000.00</td><td>300.00</td><td>500.00</td><td rowspan="3">100.00</td><td rowspan="3">200.00</td></tr>
<tr><td>普通人员</td><td>7 000.00</td><td>500.00</td><td>200.00</td><td>300.00（除销售部职工以外的其他职工）</td></tr>
<tr><td>生产人员</td><td>8 000.00</td><td>600.00</td><td>300.00</td><td>400.00</td></tr>
</table>

销售部职工的奖金标准如下：当个人销售额小于基本销售额 20 万元时，个人无奖金；当个人销售额等于或大于基本销售额 20 万元时，个人奖金为 5 000 元。

（2）根据税法规定，由单位代扣代缴职工个人保险金和个人所得税。由单位承担并缴纳的基本养老保险、基本医疗保险、失业保险、工伤保险、生育保险、住房公积金分别按照上年度缴费职工月平均工资的 16%、8%、1%、1%、1%、12%计算。由职工个人承担的基本养老保险、基本医疗保险、失业保险、住房公积金分别按照上年度本人月平均工资总额的 8%、2%、1%、12%计算。为简化计算，此处均以职工个人的基本工资为基数进行计算。

（3）根据《个人所得税扣缴申报管理办法（试行）》的相关规定，扣缴义务人向居民个人支付工资、薪金所得时，应当按照累计预扣法计算预扣税款，并按月办理扣缴申报。为简化计算，此处假设预扣预缴的税额与实际发生额一致。

个人所得税预扣率表如表 0-6 所示。个人所得税的计算公式如下。

本期应预扣预缴税额=（累计预扣预缴应纳税所得额×预扣率−速算扣除数）−累计减免税额−累计已预扣预缴税额

累计预扣预缴应纳税所得额=累计收入−累计免税收入−累计减除费用−累计专项扣除−累计专项附加扣除−累计依法确定的其他扣除

其中，累计减除费用按照 5 000 元/月乘以纳税人当年截至本月在本单位的任职受雇月份数计算，专项扣除包括居民个人按照国家规定的范围和标准缴纳的社会保险费和住房公积金等。为简化计算，此处假设本企业每位职工的专项附加扣除标准为 1 000 元/月。

表 0-6　个人所得税预扣率表

（居民个人工资、薪金所得预扣预缴适用）

级数	累计预扣预缴应纳税所得额	预扣率	速算扣除数
1	不超过 36 000 元	3%	0
2	超过 36 000 元至 144 000 元的部分	10%	2 520
3	超过 144 000 元至 300 000 元的部分	20%	16 920
4	超过 300 000 元至 420 000 元的部分	25%	31 920
5	超过 420 000 元至 660 000 元的部分	30%	52 920
6	超过 660 000 元至 960 000 元的部分	35%	85 920
7	超过 960 000 元的部分	45%	181 920

（4）本企业分别按照职工当月应付工资总额的 2%、8%计提工会经费和职工教育经费。为简化计算，此处假设计提的金额与实际发生额一致。

（九）成本与费用管理制度

1．成本管理制度

（1）本企业采用品种法计算产品成本。

（2）基本生产车间生产产品所共同耗用的材料在月末按照产品产量比例进行分配，计入各产品成本。

（3）基本生产车间生产产品所共同耗用的水电费、人工费等在月末按照产品产量比例进行分配，计入制造费用。

（4）月末没有在产品。若车间领用的原材料尚未投入生产，则在月末办理退料手续。

2．期间费用管理制度

（1）不能直接或间接计入产品成本的各项费用计入当期损益（管理费用、销售费用）。

（2）短期借款按月计算并支付利息，到期还本。短期借款利息计入财务费用。

（3）长期借款每年年末计提利息，到期还本付息。长期借款利息符合借款费用资本化条件的，计入相关资产成本；不符合资本化条件的，计入当期损益（财务费用）。

3．税金及附加管理制度

（1）本企业采用资产负债表债务法计算企业所得税，适用的企业所得税税率为25%。企业所得税按月计提预缴，年终汇算清缴。为简化计算，此处不考虑纳税调整因素。

（2）本企业销售商品、提供劳务均按月缴纳增值税。其中，销售商品适用的增值税税率为 13%，提供劳务适用的增值税税率为 6%，提供交通运输服务适用的增值税税率为 9%。

（3）本企业按照当月实际缴纳增值税税额的 7%、3%、2%，分别计算当月应缴纳的城市维护建设税、教育费附加和地方教育附加。

（十）会计信息系统安全管理制度

（1）会计信息系统操作人员（以下简称“操作人员”）不得擅自删除或修改系统软件，不得擅自升级或更改系统软件版本，不得擅自更改软件系统环境配置。

（2）操作人员应当在其权限范围内进行操作，不得利用他人的口令和密码进入软件系统。

（3）更换操作人员或密码泄露后，会计主管必须及时更改密码。

（4）操作人员若离开工作现场，则必须在离开前锁定或退出正在运行的程序，以防止其他人员利用自身账号操作。

（5）各部门在其授权范围内对会计信息系统子系统所录入信息的真实性、完整性、准确性和及时性负责，并定期检查、核对所录信息。

（6）财务部应当认真审核销售部、采购部、生产部、仓储部等部门与财务相关的关键业务数据，保证会计信息与业务流程在时间、数量和价值上的统一。

（7）若发现已输入的数据信息有误，相关人员必须按照会计信息系统的操作规定加以修正。

（十一）会计档案管理制度

（1）本企业的会计档案包括文字、图表等各种形式的会计资料，如会计凭证、会计账簿、财务报表等，以及电子会计档案。此处的电子会计档案是指存储在磁性介质或光盘介质中的会计资料和利用计算机打印出来的纸质等形式的会计资料。

（2）财务部应当指定专人负责管理会计档案。会计信息系统的资料应定期备份，并以此建立电子会计档案。

（3）对于纸质形式的会计资料，其建档要求、保管期限、销毁办法等依据《会计档案管理办法》的相关规定执行；对于利用存储介质保存的电子会计档案，相关人员应当定期检查，做好防消磁、防火、防潮、防尘等工作，防止由于介质损坏而使电子会计档案丢失。

（十二）其他管理制度

（1）本企业按照年度净利润的 10%提取法定盈余公积。

（2）本制度未说明的事项，按照国家有关财经法规进行处理。

实训篇

智能会计实训一

期初建账

知识目标

- 了解建账的基本原则。
- 熟悉建账的基本程序。
- 掌握建立日记账、总账和明细账的具体要求。

技能目标

- 能够识别各类账页格式，正确、规范地建立手工账期初账簿。
- 能够建立会计信息系统账套，并进行各项初始设置。

素养目标

- 严格遵守会计相关法律法规，照章办事。
- 具备高度的责任心和认真仔细的工作态度。

实训引入

为了加强企业管理，提高财务管理职能，北京宏达决定于2023年12月1日启用会计信息系统，使用用友U8的总账管理系统、薪资管理系统、固定资产管理系统、采购管理系统、销售管理系统、库存管理系统、存货核算系统、应收款管理系统和应付款管理系统等处理各类账务。同时，为了确保会计信息的准确性，北京宏达采用手工会计核算和会计信息系统应用并行的方式处理企业经济业务。对此，财务部主管李霞召集了本部门人员，并安排了相关的工作任务。

实训分组

一、任务描述

根据北京宏达2023年12月月初的账务资料，手工建账，同时使用用友U8建立企业账套，并完成各项初始设置工作。

二、任务分工

全班学生以4～6人为一组进行分组，每组设1名组长。小组成员共同讨论任务分工并将分工情况填到表1-1中。

表1-1　小组成员及分工情况

小组成员	姓名	学号	任务分工
组长			
组员			

实训准备

一、知识准备

在实训开始前，请各组思考以下问题，并进行讨论和分析。

（1）建账需要遵循哪些基本原则？

智能会计实训一
知识准备

（2）建账的基本程序是什么？

（3）建立日记账、总账和明细账的具体要求分别是什么？

二、资料和用具准备

（一）手工操作所需资料和用具

手工操作需要用到北京宏达 2023 年 12 月月初的账务资料（见表 1-2 至表 1-6），所需用具如表 1-7 所示。

表 1-2　2023 年总账账户年初余额及 11 月期末余额表

金额单位：元

科目编码	科目名称	方向	年初余额	累计借方发生额	累计贷方发生额	11 月期末余额
1001	库存现金	借	5 000.00	89 100.00	88 100.00	6 000.00
1002	银行存款	借	13 416 095.90	18 048 781.30	16 835 720.72	14 629 156.48
1122	应收账款	借	3 559 500.00	1 582 000.00		5 141 500.00
1123	预付账款	借		1 400 000.00		1 400 000.00
1231	坏账准备	贷	68 547.00			68 547.00
1403	原材料	借	7 063 910.00	23 896 400.00	24 278 310.00	6 682 000.00
1405	库存商品	借	3 149 387.00	25 663 000.00	26 007 887.00	2 804 500.00
1601	固定资产	借	12 532 893.26			12 532 893.26
1602	累计折旧	贷	3 057 750.92		971 843.18	4 029 594.10
资产合计			36 600 488.24	70 679 281.30	68 181 860.90	39 097 908.64
2001	短期借款	贷			500 000.00	500 000.00
2202	应付账款	贷	11 558 695.44	6 614 945.44	2 839 811.45	7 783 561.45
2203	预收账款	贷	2 031 029.00	449 029.00		1 582 000.00
2211	应付职工薪酬	贷	293 170.00	3 457 780.00	3 452 680.00	288 070.00
2221	应交税费	贷	408 347.80	6 988 916.99	6 994 122.19	413 553.00
负债合计			14 291 242.24	17 510 671.43	13 786 613.64	10 567 184.45
4001	实收资本	贷	17 000 000.00			17 000 000.00
4101	盈余公积	贷	530 924.60			530 924.60
4103	本年利润	贷			6 221 478.19	6 221 478.19
4104	利润分配	贷	4 778 321.40			4 778 321.40
所有者权益合计			22 309 246.00		6 221 478.19	28 530 724.19
负债和所有者权益合计			36 600 488.24	17 510 671.43	20 008 091.83	39 097 908.64

表 1-3　2023 年明细账户年初余额及 11 月期末余额表

金额单位：元

总账科目	明细科目	方向	年初余额	累计借方发生额	累计贷方发生额	11 月期末余额
库存现金（1001）		借	5 000.00	89 100.00	88 100.00	6 000.00
银行存款（1002）	中行存款（100201）	借	13 416 095.90	18 048 781.30	16 835 720.72	14 629 156.48
应收账款（1122）	新洋公司（112201）	借	2 373 000.00			2 373 000.00
	东升公司（112202）	借	1 186 500.00			1 186 500.00
	方乐公司（112203）	借		1 582 000.00		1 582 000.00

（续表）

总账科目	明细科目	方向	年初余额	累计借方发生额	累计贷方发生额	11月期末余额
预付账款（1123）	美盛公司（112301）	借		1 400 000.00		1 400 000.00
原材料（1403）	铝棒（140301）	借	2 152 500.00	12 582 900.00	12 767 400.00	1 968 000.00
	铝锭（140302）	借	2 012 500.00	6 187 500.00	6 300 000.00	1 900 000.00
	液压油（140303）	借	2 492 500.00	4 400 000.00	4 372 500.00	2 520 000.00
	油漆（140304）	借	406 410.00	726 000.00	838 410.00	294 000.00
库存商品（1405）	铝制品A（140501）	借	1 642 457.00	16 830 000.00	16 902 457.00	1 570 000.00
	铝制品B（140502）	借	1 506 930.00	8 833 000.00	9 105 430.00	1 234 500.00
固定资产（1601）	房屋及建筑物（160101）	借	7 502 400.00			7 502 400.00
	机器设备（160102）	借	3 543 865.45			3 543 865.45
	运输工具（160103）	借	1 308 553.81			1 308 553.81
	办公设备（160104）	借	178 074.00			178 074.00
累计折旧（1602）	房屋及建筑物（160201）	贷	1 395 641.50		326 639.50	1 722 281.00
	机器设备（160202）	贷	1 010 044.44		308 624.69	1 318 669.13
	运输工具（160203）	贷	595 674.70		284 887.90	880 562.60
	办公设备（160204）	贷	56 390.28		51 691.09	108 081.37
应付账款（2202）	桂湖公司（220201）	贷	7 321 195.44	6 614 945.44		706 250.00
	乐奇公司（220202）	贷	4 237 500.00			4 237 500.00
	龙华公司（220203）	贷			2 839 811.45	2 839 811.45
预收账款（2203）	星海公司（220301）	贷	2 031 029.00	449 029.00		1 582 000.00

（续表）

总账科目	明细科目	方向	年初余额	累计借方发生额	累计贷方发生额	11 月期末余额
应付职工薪酬（2211）	工资（221101）	贷	221 800.00	2 431 700.00	2 426 600.00	216 700.00
	社会保险费（221102）	贷	49 410.00	540 540.00	540 540.00	49 410.00
	住房公积金（221103）	贷	21 960.00	241 560.00	241 560.00	21 960.00
	工会经费（221104）	贷		48 796.00	48 796.00	
	职工教育经费（221105）	贷		195 184.00	195 184.00	
应交税费（2221）	进项税额（22210101）	借	-1 716 000.00	1 716 000.00		
	销项税额（22210102）	贷	4 184 400.00		4 184 400.00	
	转出未交增值税（22210103）	贷	2 468 400.00	2 468 400.00		
	未交增值税（222102）	贷	222 510.00	2 464 889.00	2 468 400.00	226 021.00
	应交城市维护建设税（222103）	贷	15 575.70	172 542.23	172 788.00	15 821.47
	应交教育费附加（222104）	贷	6 675.30	73 946.67	74 052.00	6 780.63
	应交地方教育附加（222105）	贷	4 450.20	49 297.78	49 368.00	4 520.42
	应交企业所得税（222106）	贷	159 136.60	1 759 841.31	1 761 114.19	160 409.48
实收资本（4001）		贷	17 000 000.00			17 000 000.00
盈余公积（4101）	法定盈余公积（410101）	贷	530 924.60			530 924.60
本年利润（4103）		贷			6 221 478.19	6 221 478.19
利润分配（4104）	未分配利润（410401）	贷	4 778 321.40			4 778 321.40

表 1-4　损益类科目 2023 年 1 月至 2023 年 11 月累计发生额表

金额单位：元

会计科目	借方累计发生额	贷方累计发生额
主营业务收入	33 880 000.00	33 880 000.00
主营业务成本	22 877 492.00	22 877 492.00
税金及附加	284 619.72	284 619.72
管理费用	1 855 129.87	1 855 129.87
销售费用	552 454.16	552 454.16
财务费用	15 000.00	15 000.00
所得税费用	2 073 826.06	2 073 826.06

表 1-5　固定资产明细资料表

金额单位：元

类别	固定资产名称	固定资产编号	使用部门	开始使用日期	预计可使用年限/月	账面原值	累计折旧
房屋及建筑物	办公楼	01001	总经理办公室（10%）、财务部（30%）、人事部（15%）、采购部（15%）、仓储部（10%）、生产部（20%）	2019-01-01	240	1 656 000.00	380 158.10
	厂房	01002	一车间（50%）、二车间（50%）	2019-01-01	240	4 384 800.00	1 006 592.32
	仓库	01003	材料库（50%）、成品库（50%）	2019-01-01	240	1 461 600.00	335 530.58
机器设备	窗纱网机	02001	一车间	2019-12-01	120	436 179.61	162 302.04
	窗纱网机	02002	一车间	2019-12-01	120	436 179.61	162 302.05
	轧花网机	02003	一车间	2019-12-01	120	142 552.92	53 043.73
	轧花网机	02004	一车间	2019-12-01	120	142 552.92	53 043.73
	刺绳机	02005	一车间	2019-12-01	120	63 474.21	23 618.75
	刺绳机	02006	一车间	2019-12-01	120	63 474.21	23 618.75
	刺绳机	02007	一车间	2019-12-01	120	63 474.21	23 618.76
	烤漆生产设备	02008	一车间	2019-12-01	120	679 203.62	252 731.22
	卧式集成四连轧两用生产设备	02009	二车间	2019-12-01	120	529 381.82	196 982.64

（续表）

类别	固定资产名称	固定资产编号	使用部门	开始使用日期	预计可使用年限/月	账面原值	累计折旧
机器设备	直线式全自动电镀生产设备	02010	二车间	2019-12-01	120	987 392.32	367 407.46
运输工具	越野车	03001	总经理办公室（10%）、财务部（30%）、人事部（15%）、采购部（15%）、仓储部（10%）、生产部（20%）	2021-01-01	48	290 371.93	195 399.36
	小轿车	03002		2021-01-01	48	216 921.00	145 972.20
	商务车	03003	销售部	2021-01-01	48	469 205.62	315 741.68
	货车	03004	销售部	2021-01-01	48	332 055.26	223 449.36
办公设备	台式电脑	04001	总经理办公室（10%）、财务部（30%）、人事部（15%）、采购部（15%）、仓储部（10%）、生产部（20%）	2021-12-01	36	15 615.5	9 477.78
	台式电脑	04002		2021-12-01	36	15 615.5	9 477.78
	台式电脑	04003		2021-12-01	36	15 615.5	9 477.78
	台式电脑	04004		2021-12-01	36	15 615.5	9 477.79
	打印机	04005	总经理办公室（10%）、财务部（30%）、人事部（15%）、采购部（15%）、仓储部（10%）、生产部（20%）	2021-12-01	36	12 813.00	7 776.76
	打印机	04006		2021-12-01	36	12 813.00	7 776.76
	空调	04007	总经理办公室（10%）、财务部（30%）、人事部（15%）、采购部（15%）、仓储部（10%）、生产部（20%）	2021-12-01	36	18 406.00	11 171.44
	空调	04008		2021-12-01	36	18 406.00	11 171.44
	空调	04009		2021-12-01	36	18 406.00	11 171.45
	空调	04010		2021-12-01	36	18 406.00	11 171.45
	复印机	04011	总经理办公室（10%）、财务部（30%）、人事部（15%）、采购部（15%）、仓储部（10%）、生产部（20%）	2021-12-01	36	8 181.00	4 965.47
	复印机	04012		2021-12-01	36	8 181.00	4 965.47
合计						12 532 893.26	4 029 594.10

会计贴士

同类型固定资产的累计折旧不一致的原因：在实际计算累计折旧的过程中，会存在四舍五入的计算误差。因此，本书在使用用友 U8 进行操作时，通过手工录入累计折旧数据，对计算误差进行调整，以实现数据平衡。

表 1-6　2023 年 11 月原材料及库存商品明细资料表

金额单位：元

仓库名称	存货名称	规格型号	计量单位	数量	单价（单位成本）	金额
材料库	铝棒		吨	160	12 300.00	1 968 000.00
	铝锭		吨	152	12 500.00	1 900 000.00
	液压油	#3	升	5 040	500.00	2 520 000.00
	油漆	红色	升	9 800	30.00	294 000.00
小计						6 682 000.00
成品库	铝制品 A		件	1 000	1 570.00	1 570 000.00
	铝制品 B		件	1 500	823.00	1 234 500.00
小计						2 804 500.00
合计						9 486 500.00

表 1-7　手工建账所需用具

序号	名称	单位	数量
1	总账账页	张	50
2	库存现金日记账账页	张	2
3	银行存款日记账账页	张	2
4	三栏式明细账账页	张	15
5	多栏式明细账账页	张	10
6	数量金额式明细账账页	张	10
7	账夹	套	10
8	财务专用章、法人代表章（见图 1-1 和图 1-2）	个	2

图 1-1　财务专用章示意图

图 1-2　法人代表章示意图

（二）智能化操作所需资料和用具

智能化操作需要使用用友 U8 及以下资料。

1．账套基础信息

1）用户信息

用户信息如表 1-8 所示。用户类型均为“普通用户”，认证方式均为“用户+口令（传统）”。

表 1-8　用户信息

编号	姓名	口令	所属部门	所属角色编码	所属角色名称
CW001	李霞	1	财务部	DATA-MANAGER	账套主管
CW002	王洋	2	财务部	001	会计 1
CW003	李英	3	财务部	002	会计 2
CW004	田平	4	财务部	003	出纳
CG001	张明	5	采购部	004	经营人员
XS001	程杰	6	销售部		

2）账套信息

（1）账套号：001。

（2）账套名称：北京宏达金属工业有限公司。

（3）账套路径：默认。

（4）启用会计期：2023 年 12 月。

3）单位信息

（1）单位名称：北京宏达金属工业有限公司。

（2）单位简称：北京宏达。

（3）单位地址：北京市房山区房易路××号。

（4）法人代表：郑学义。

（5）邮政编码：100000。

（6）联系电话及传真：010-565532180。

（7）电子邮件：beijinghongda@163.com。

（8）税号：910324592136526358。

4）核算类型

（1）本币代码：RMB。

（2）本币名称：人民币。

（3）企业类型：工业。

（4）行业性质：2007 年新会计制度科目。

（5）账套主管：李霞。

（6）按行业性质预置科目。

5）基础信息

在处理经济业务时，需要对存货、客户、供应商进行分类；该企业无外币核算。

6）编码方案

（1）科目编码级次：4222。

（2）客户和供应商分类编码级次：223。

（3）存货分类编码级次：1223。

（4）部门编码级次：122。

（5）地区分类编码级次：223。

（6）结算方式编码级次：12。

（7）收发类别编码级次：12。

其他采用系统默认设置。

7）数据精度

均采用系统默认的小数位 2。

8）系统启用的时间

依次启用总账管理系统、薪资管理系统、固定资产管理系统、采购管理系统、销售管理系统、库存管理系统、存货核算系统、应收款管理系统、应付款管理系统。启用时间均为“2023 年 12 月 1 日”。

9）操作员权限信息

（1）操作员的功能权限如表 1-9 所示。

表 1-9　操作员的功能权限

编号	姓名	功能权限
CW001	李霞	系统默认的全部操作权限
CW002	王洋	公共单据、公用目录设置、总账（凭证处理、期末），应收款管理、应付款管理、固定资产、库存管理、存货核算、薪资管理的全部操作权限
CW003	李英	总账（记账）
CW004	田平	总账（出纳签字及出纳）
CG001	张明	公共单据、公用目录设置、应付款管理、采购管理、库存管理、存货核算的全部操作权限
XS001	程杰	公共单据、公用目录设置、应收款管理、销售管理、库存管理、存货核算的全部操作权限

（2）操作员的数据权限控制：取消对工资权限的控制。

2. 企业基础档案信息

1）机构人员信息

（1）部门档案如表 1-10 所示。各部门的成立日期均为“2023-12-01”。

表 1-10　部门档案

部门编码	部门名称	部门属性
1	管理中心	管理部门
101	总经理办公室	综合管理
102	财务部	财务管理
103	人事部	人员管理
2	供销中心	供销管理
201	销售部	市场营销
202	采购部	采购供应
3	仓储中心	仓储管理
301	仓储部	仓储管理
302	材料库	仓储管理
303	成品库	仓储管理
4	制造中心	生产部门
401	生产部	生产管理
402	一车间	生产制造
403	二车间	生产制造

（2）正式工的人员类别如表 1-11 所示。

表 1-11　正式工的人员类别

档案编码	档案名称
1011	管理人员
1012	普通人员
1013	生产人员

（3）人员档案如表 1-12 所示。人员档案设置中的雇佣状态均为“在职”，是否业务员均为“是”。

表 1-12　人员档案

人员编码	人员姓名	性别	部门	人员类别	是否操作员	对应操作员编码
101	郑学义	男	总经理办公室	管理人员	否	
201	李霞	女	财务部	管理人员	是	CW001
202	王洋	男	财务部	普通人员	是	CW002

（续表）

人员编码	人员姓名	性别	部门	人员类别	是否操作员	对应操作员编码
203	李英	女	财务部	普通人员	是	CW003
204	田平	女	财务部	普通人员	是	CW004
301	王冠	男	人事部	管理人员	否	
302	张利	女	人事部	普通人员	否	
401	程杰	男	销售部	管理人员	是	XS001
402	刘晓霞	女	销售部	普通人员	否	
403	周勇	男	销售部	普通人员	否	
501	张明	男	采购部	管理人员	是	CG001
502	刘华	女	采购部	普通人员	否	
503	谢宏	男	采购部	普通人员	否	
601	刘东	男	仓储部	管理人员	否	
602	周仁	男	材料库	普通人员	否	
603	李好	男	成品库	普通人员	否	
701	陈铭	男	生产部	管理人员	否	
702	张平	男	生产部	普通人员	否	
801	郑亚权	男	一车间	管理人员	否	
802	王红	女	一车间	生产人员	否	
811	吴波	男	二车间	管理人员	否	
812	李杨	男	二车间	生产人员	否	

2）客商信息

（1）客户分类如表 1-13 所示。

表 1-13　客户分类

分类编码	分类名称	分类编码	分类名称
01	批发	03	代销
02	零售	04	专柜

（2）客户档案如表 1-14 所示。

表 1-14　客户档案

客户编码	001	002	003	004
客户名称	北京新洋有限公司	上海东升有限公司	广东方乐有限公司	湖北星海有限公司
客户简称	新洋公司	东升公司	方乐公司	星海公司

（续表）

所属分类	01	01	02	03
税号	910332007673556502	910022587596411836	917887425696520409	919952456314796568
所属银行	中国工商银行	中国银行	中国工商银行	中国银行
开户银行	中国工商银行 北京××支行	中国银行 上海市××支行	中国工商银行 珠海××支行	中国银行 武汉市××支行
银行账号	367371579786131	965840273142536	263651935736432	159951886866703
默认值	是	是	是	是
分管部门	销售部	销售部	销售部	销售部
邮政编码	100010	200030	519090	430060
地址	北京市东城区 光明路××号	上海市徐汇区 虹桥路××号	珠海市金湾区 金湖路××号	武汉市武昌区 静安路××号

（3）供应商分类如表 1-15 所示。

表 1-15　供应商分类

分类编码	分类名称	分类编码	分类名称
01	原料供应商	02	产品供应商

（4）供应商档案如表 1-16 所示。

表 1-16　供应商档案

供应商编码	001	002	003	004
供应商名称	广东桂湖有限公司	北京乐奇有限公司	海南龙华有限公司	北京美盛有限公司
供应商简称	桂湖公司	乐奇公司	龙华公司	美盛公司
所属分类	02	01	02	01
税号	914563216237435754	915174136946150082	916437413651252548	913095137552667935
开户银行	中国工商银行 广州××支行	中国银行 北京××支行	中国工商银行 海口××支行	中国银行 北京××支行
银行账号	368570874132551	630748533243553	496734528764304	837376012137503
分管部门	采购部	采购部	采购部	采购部
邮政编码	510630	100032	570100	100020
地址	广州市天河区 华观路××号	北京市西城区 三里河东路××号	海口市龙华区 龙华路××号	北京市朝阳区 姚家园路××号

3）存货信息

（1）存货分类如表 1-17 所示。

表 1-17 存货分类

分类编码	分类名称
1	原材料
101	铝棒
102	铝锭
103	液压油
104	油漆
2	产成品
201	铝制品
3	应税劳务

（2）计量单位组和计量单位如表 1-18 所示。

表 1-18 计量单位组和计量单位

计量单位编码	计量单位名称	所属计量单位组		
		编码	名称	类别
01	吨	01	无换算单位	无换算率
02	升			
03	件			
04	千米			

（3）存货档案如表 1-19 所示。

表 1-19 存货档案

存货编码	存货名称	规格型号	存货分类	主计量单位	税率	存货属性
001	铝棒		101	吨	13%	内销，外销，外购，生产耗用
002	铝锭		102	吨		内销，外销，外购，生产耗用
003	液压油	#3	103	升		内销，外销，外购，生产耗用
004	油漆	红色	104	升		内销，外销，外购，生产耗用
005	铝制品 A		201	件		内销，外销，自制
006	铝制品 B		201	件		内销，外销，自制
007	运输费		3	千米	9%	内销，外销，外购，应税劳务

4）财务信息

（1）需要增加的会计科目如表 1-20 所示。

表 1-20　需要增加的会计科目

科目编码	科目名称	账页格式	科目性质（余额方向）	辅助核算
100201	中行存款	金额式	借	日记账、银行账
112101	东升公司	金额式	借	客户往来（受控于应收系统）
112201	新洋公司	金额式	借	客户往来（受控于应收系统）
112202	东升公司	金额式	借	客户往来（受控于应收系统）
112203	方乐公司	金额式	借	客户往来（受控于应收系统）
112301	美盛公司	金额式	借	供应商往来（受控于应付系统）
122101	应收单位款	金额式	借	客户往来（受控于应收系统）
122102	应收个人款	金额式	借	个人往来
140301	铝棒	数量金额式	借	数量核算（吨）
140302	铝锭	数量金额式	借	数量核算（吨）
140303	液压油	数量金额式	借	数量核算（升）
140304	油漆	数量金额式	借	数量核算（升）
140501	铝制品 A	数量金额式	借	数量核算（件）
140502	铝制品 B	数量金额式	借	数量核算（件）
160101	房屋及建筑物	金额式	借	
160102	机器设备	金额式	借	
160103	运输工具	金额式	借	
160104	办公设备	金额式	借	
160201	房屋及建筑物	金额式	贷	
160202	机器设备	金额式	贷	
160203	运输工具	金额式	贷	
160204	办公设备	金额式	贷	
220201	桂湖公司	金额式	贷	供应商往来（受控于应付系统）
220202	乐奇公司	金额式	贷	供应商往来（受控于应付系统）
220203	龙华公司	金额式	贷	供应商往来（受控于应付系统）
220204	美盛公司	金额式	贷	供应商往来（受控于应付系统）
220301	星海公司	金额式	贷	客户往来（受控于应收系统）
221101	工资	金额式	贷	
221102	社会保险费	金额式	贷	
221103	住房公积金	金额式	贷	

（续表）

科目编码	科目名称	账页格式	科目性质（余额方向）	辅助核算
221104	工会经费	金额式	贷	
221105	职工教育经费	金额式	贷	
222101	应交增值税	金额式	贷	
22210101	进项税额	金额式	借	
22210102	销项税额	金额式	贷	
22210103	转出未交增值税	金额式	贷	
222102	未交增值税	金额式	贷	
222103	应交城市维护建设税	金额式	贷	
222104	应交教育费附加	金额式	贷	
222105	应交地方教育附加	金额式	贷	
222106	应交个人所得税	金额式	贷	
222107	应交企业所得税	金额式	贷	
224101	代扣代缴社保和公积金	金额式	贷	
410101	法定盈余公积	金额式	贷	
410401	未分配利润	金额式	贷	
410402	提取法定盈余公积	金额式	贷	
500101	铝制品 A	金额式	借	项目核算
50010101	直接材料	金额式	借	项目核算
50010102	直接人工	金额式	借	项目核算
50010103	制造费用	金额式	借	项目核算
50010104	完工产品成本	金额式	借	项目核算
500102	铝制品 B	金额式	借	项目核算
50010201	直接材料	金额式	借	项目核算
50010202	直接人工	金额式	借	项目核算
50010203	制造费用	金额式	借	项目核算
50010204	完工产品成本	金额式	借	项目核算
500103	其他	金额式	借	项目核算
510101	人工费	金额式	借	
51010101	铝制品 A	金额式	借	
51010102	铝制品 B	金额式	借	

（续表）

科目编码	科目名称	账页格式	科目性质（余额方向）	辅助核算
510102	水电费	金额式	借	
51010201	铝制品 A	金额式	借	
51010202	铝制品 B	金额式	借	
510103	折旧费	金额式	借	
51010301	铝制品 A	金额式	借	
51010302	铝制品 B	金额式	借	
510104	其他	金额式	借	
51010401	铝制品 A	金额式	借	
51010402	铝制品 B	金额式	借	
600101	铝制品 A	金额式	收入	
600102	铝制品 B	金额式	收入	
660101	人工费	金额式	支出	部门核算
660102	差旅费	金额式	支出	部门核算
660103	折旧费	金额式	支出	部门核算
660104	其他	金额式	支出	部门核算
660201	人工费	金额式	支出	部门核算
660202	办公费	金额式	支出	部门核算
660203	折旧费	金额式	支出	部门核算
660204	其他	金额式	支出	部门核算
660301	利息支出	金额式	支出	
660302	手续费	金额式	支出	
660303	其他	金额式	支出	
6702	信用减值损失	金额式	支出	
671101	违约金	金额式	支出	
671102	非常损失	金额式	支出	
671103	捐赠支出	金额式	支出	
671104	其他	金额式	支出	

（2）需要修改的会计科目如表 1-21 所示。

表 1-21　需要修改的会计科目

<table>
<tr><th>科目编码</th><th>科目名称</th><th>账页格式</th><th>科目性质
（余额方向）</th><th>辅助核算</th></tr>
<tr><td>1001</td><td>库存现金</td><td rowspan="11">金额式</td><td>借</td><td>日记账</td></tr>
<tr><td>1002</td><td>银行存款</td><td>借</td><td>日记账、银行账</td></tr>
<tr><td>1121</td><td>应收票据</td><td>借</td><td rowspan="2">客户往来（受控于应收系统）</td></tr>
<tr><td>1122</td><td>应收账款</td><td>借</td></tr>
<tr><td>1123</td><td>预付账款</td><td>借</td><td rowspan="3">供应商往来（受控于应付系统）</td></tr>
<tr><td>2201</td><td>应付票据</td><td>贷</td></tr>
<tr><td>2202</td><td>应付账款</td><td>贷</td></tr>
<tr><td>2203</td><td>预收账款</td><td>贷</td><td>客户往来（受控于应收系统）</td></tr>
<tr><td>5001</td><td>生产成本</td><td>借</td><td>项目核算</td></tr>
<tr><td>6001</td><td>主营业务收入</td><td>收入</td><td>客户往来</td></tr>
<tr><td>6403</td><td>税金及附加</td><td>支出</td><td></td></tr>
</table>

（3）指定会计科目。

将“1001 库存现金”指定为现金科目，将“1002 银行存款”指定为银行科目，将“1001 库存现金”“100201 中行存款”指定为现金流量科目。

（4）凭证类别如表 1-22 所示。

表 1-22　凭证类别

类别字	类别名称	限制类型	限制科目
现收	现金收款凭证	借方必有	1001
现付	现金付款凭证	贷方必有	1001
银收	银行收款凭证	借方必有	100201
银付	银行付款凭证	贷方必有	100201
转	转账凭证	凭证必无	1001,100201

（5）项目目录如表 1-23 所示。

表 1-23　项目目录

<table>
<tr><th>设置步骤</th><th>设置内容</th></tr>
<tr><td rowspan="3">定义项目大类</td><td>新项目大类名称：生产成本</td></tr>
<tr><td>项目级次：一级～三级　均为 2
四级～八级　均为 0</td></tr>
<tr><td>项目栏目：采用系统默认设置</td></tr>
</table>

（续表）

设置步骤	设置内容
指定核算科目	5001 生产成本 500101 铝制品 A 50010101 直接材料 50010102 直接人工 50010103 制造费用 50010104 完工产品成本 500102 铝制品 B 50010201 直接材料 50010202 直接人工 50010203 制造费用 50010204 完工产品成本 500103 其他
定义项目分类	01　自行开发项目 02　委托开发项目
建立项目档案	101　铝制品 A，所属分类码 01 102　铝制品 B，所属分类码 01

5）收付结算信息

（1）结算方式如表 1-24 所示。

表 1-24　结算方式

结算方式编码	结算方式名称	是否票据管理
1	现金结算	否
2	支票结算	是
201	现金支票	
202	转账支票	
3	商业汇票	
301	银行承兑汇票	
302	商业承兑汇票	
4	其他	否

（2）本单位开户银行信息如表 1-25 所示。

表 1-25　本单位开户银行信息

编码	银行账号	币种	开户银行	所属银行编码	机构号	联行号
01	310128636425789	人民币	中国银行 北京××支行	00002	02143	104100004843

6）单据编号信息

（1）将销售专用发票、销售普通发票、采购专用发票、采购普通发票的编号设置为“手工改动，重号时自动重取”。

（2）将应收款管理系统、应付款管理系统中的收款单和付款单的编号设置为“手工改动，重号时自动重取”。

7）业务信息

（1）收发类别如表 1-26 所示。

表 1-26　收发类别

收发类别编码	收发类别名称	收发标志	收发类别编码	收发类别名称	收发标志
1	正常入库	收	3	正常出库	发
101	采购入库		301	销售出库	
102	产成品入库		302	领料出库	
103	调拨入库		303	调拨出库	
2	非正常入库		4	非正常出库	
201	盘盈入库		401	盘亏出库	
202	其他入库		402	其他出库	

（2）采购类型如表 1-27 所示。

表 1-27　采购类型

采购类型编码	采购类型名称	入库类别	是否默认值
1	普通采购	采购入库	是

（3）销售类型如表 1-28 所示。

表 1-28　销售类型

销售类型编码	销售类型名称	出库类别	是否默认值
1	经营销售	销售出库	是
2	代理销售	销售出库	否

（4）仓库档案如表 1-29 所示。

表 1-29　仓库档案

仓库编码	仓库名称	计价方式
1	材料库	全月平均法
2	成品库	全月平均法

3．总账管理系统初始设置信息

（1）总账管理系统参数如表 1-30 所示，未做说明的选项均采用系统默认设置。

表 1-30　总账管理系统参数

项目	参数
凭证	制单控制：制单不序时控制、支票控制 赤字控制：资金及往来科目 赤字控制方式：提示 可以使用应收受控科目 可以使用应付受控科目 可以使用存货受控科目 现金流量科目不必录现金流量项目 凭证编号方式：系统编号
权限	出纳凭证必须经由出纳签字 不允许修改、作废他人填制的凭证
会计日历	数量小数位：2 单价小数位：2
其他	部门排序方式：按编码排序 个人排序方式：按编码排序 项目排序方式：按编码排序

（2）常用摘要如表 1-31 所示。

表 1-31　常用摘要

摘要编码	摘要内容
0001	销售商品
0002	购入原材料

（3）总账末级会计科目的期初余额如表 1-2 和表 1-3 所示，有辅助核算项会计科目的期初余额如表 1-32 至表 1-35 所示。

表 1-32 "1122 应收账款"期初余额表

金额单位：元

日期	凭证号	客户简称	业务员	年初余额	累计借方金额	金额	票号	票据日期
2022-10-21	转-15	新洋公司	程杰	2 373 000.00		2 373 000.00	Z100	2022-10-21
2022-11-10	转-18	东升公司	刘晓霞	1 186 500.00		1 186 500.00	P111	2022-11-10
2023-02-05	转-10	方乐公司	周勇		1 582 000.00	1 582 000.00	Z101	2023-02-05

注：摘要均为"销售商品"，方向均为"借"。

表 1-33 "1123 预付账款"期初余额表

金额单位：元

日期	凭证号	供应商简称	业务员	摘要	方向	累计借方金额	金额	票号	票据日期
2023-03-29	转-53	美盛公司	谢宏	预付采购款	借	1 400 000.00	1 400 000.00	C051	2023-03-29

表 1-34 "2202 应付账款"期初余额表

金额单位：元

日期	凭证号	供应商简称	业务员	年初余额	累计借方金额	累计贷方金额	金额	票号	票据日期
2021-10-20	转-45	桂湖公司	谢宏	7 321 195.44	6 614 945.44		706 250.00	C010	2021-10-20
2022-05-17	转-21	乐奇公司	张明	4 237 500.00			4 237 500.00	C006	2022-05-17
2023-08-25	转-50	龙华公司	刘华			2 839 811.45	2 839 811.45	C017	2023-08-25

注：摘要均为"购入原材料"，方向均为"贷"。

表 1-35 "2203 预收账款"期初余额表

金额单位：元

日期	凭证号	客户简称	业务员	摘要	方向	年初余额	累计借方金额	金额	票号	票据日期
2022-09-07	转-13	星海公司	刘晓霞	预收销售款	贷	2 031 029.00	449 029.00	1 582 000.00	C003	2022-09-07

4. 薪资管理系统初始设置信息

1）工资账套信息

（1）工资类别个数：单个。

（2）币别：人民币 RMB。

（3）扣税设置：不从工资中代扣个人所得税。

（4）扣零设置：不扣零。

（5）人员编码：同公共平台的人员编码保持一致。

2）人员附加信息

（1）学历：研究生、本科、大专。

（2）技术职称：高级经济师、经济师、会计师。

3）人员档案

人员档案如表 1-36 所示。

表 1-36　人员档案

人员编号	人员姓名	银行名称	银行账号	学历	技术职称
101	郑学义	中国工商银行	6212261703013051166	研究生	经济师
201	李霞	中国工商银行	6778515223694122359	研究生	高级经济师
202	王洋	中国工商银行	6215428524485225455	研究生	会计师
203	李英	中国工商银行	6852145666339945125	研究生	会计师
204	田平	中国工商银行	6774152854396664126	研究生	会计师
301	王冠	中国工商银行	6518625491375268521	研究生	
302	张利	中国工商银行	6325984141652387554	研究生	
401	程杰	中国工商银行	6474152854613945252	本科	
402	刘晓霞	中国工商银行	6521365523641287985	本科	
403	周勇	中国工商银行	6778569545623645852	本科	
501	张明	中国工商银行	6885419236452855879	本科	
502	刘华	中国工商银行	6429835491486968753	本科	
503	谢宏	中国工商银行	6838625561235260468	本科	
601	刘东	中国工商银行	6682525149537268591	本科	
602	周仁	中国工商银行	6248764491386368621	本科	
603	李好	中国工商银行	6952145555452145125	大专	
701	陈铭	中国工商银行	6681535865275298253	本科	
702	张平	中国工商银行	6654625897575267418	本科	
801	郑亚权	中国工商银行	6585252854618646423	本科	

（续表）

人员编号	人员姓名	银行名称	银行账号	学历	技术职称
802	王红	中国工商银行	6530365523851387211	大专	
811	吴波	中国工商银行	6313361080213059985	本科	
812	李杨	中国工商银行	6338526332694155953	大专	

4）工资项目和公式

工资项目和公式如表 1-37 所示。

表 1-37　工资项目和公式

工资项目名称	类型	长度	小数	增减项	公式
年终奖	数字	10	2	其他	
基本工资	数字	8	2	增项	
岗位津贴	数字	8	2	增项	
加班费	数字	8	2	增项	
奖金	数字	8	2	增项	
应发合计	数字	10	2	增项	基本工资+岗位津贴+加班费+奖金
病假扣款	数字	8	2	减项	
事假扣款	数字	8	2	减项	
应付合计	数字	10	2	其他	应发合计−病假扣款−事假扣款
养老保险	数字	8	2	减项	基本工资×0.08
医疗保险	数字	8	2	减项	基本工资×0.02
失业保险	数字	8	2	减项	基本工资×0.01
住房公积金	数字	8	2	减项	基本工资×0.12
专项附加扣除	数字	8	2	其他	
纳税基数	数字	8	2	其他	应发合计−养老保险−医疗保险−失业保险−住房公积金−专项附加扣除
代扣个人所得税	数字	10	2	减项	
扣款合计	数字	10	2	减项	病假扣款+事假扣款+养老保险+医疗保险+失业保险+住房公积金+代扣个人所得税
实发合计	数字	10	2	增项	应发合计−扣款合计

提　示

我国现行税法规定，扣缴义务人向居民个人支付工资、薪金所得时，应按照累计预扣法计算预扣税额，并按月办理扣缴申报。为保证手工操作与智能化操作数据的一致性，操作人员可根据手工操作得出的代扣个人所得税结果，手动录入用友U8的代扣个人所得税模块。

5）工资基本数据

工资基本数据如表0-5所示。

5．固定资产管理系统初始设置信息

（1）固定资产管理系统参数如表1-38所示。

表1-38　固定资产管理系统参数

项目	参数
约定及说明	我同意
启用月份	2023.12
折旧信息	本账套计提折旧 主要折旧方法：平均年限法（一） 折旧汇总分配周期：1个月 当（月初已计提月份=可使用月份−1）时将剩余折旧全部提足（工作量法除外）
编码方式	资产类别编码方式：编码长度为“222” 固定资产编码方式：按“类别编号+序号”自动编码，序号长度为“3”
账务接口	与账务系统进行对账 对账科目：固定资产对账科目“1601 固定资产”，累计折旧对账科目“1602 累计折旧” 在对账不平情况下允许固定资产月末结账
选项	业务发生后立即制单 月末结账前一定要完成制单登账业务 ［减值准备］缺省入账科目“1603 固定资产减值准备”

（2）部门对应折旧科目如表1-39所示。

表1-39　部门对应折旧科目

部门名称	折旧科目
管理中心、仓储中心、采购部、生产部	660203 折旧费
销售部	660103 折旧费
一车间	51010301 折旧费
二车间	51010302 折旧费

（3）资产类别如表 1-40 所示。

表 1-40　资产类别

类别编码	类别名称	净残值率	计量单位	计提属性	折旧方法	卡片样式	不允许转回减值准备	新增资产当月计提折旧
01	房屋及建筑物	5%	幢	正常计提	平均年限法（一）	通用样式（二）	是	否
02	机器设备		台					
03	运输工具		辆					
04	办公设备		台					

（4）固定资产增减方式如表 1-41 所示。

表 1-41　固定资产增减方式

增加方式名称	对应入账科目	减少方式名称	对应入账科目
直接购入	100201 中行存款	出售	1606 固定资产清理
投资者投入	4001 实收资本	投资转出	1511 长期股权投资
捐赠	6301 营业外收入	捐赠转出	1606 固定资产清理
盘盈	6901 以前年度损益调整	报废	1606 固定资产清理

（5）固定资产原始卡片信息如表 1-5 所示。固定资产的增加方式均为“直接购入”，使用状况均为“在用”，折旧方法均为“平均年限法（一）”。

6. 采购管理系统初始设置信息

采购管理系统参数如表 1-42 所示。

表 1-42　采购管理系统参数

项目	参数
公共及参照控制	单据默认税率：13

7. 销售管理系统初始设置信息

销售管理系统参数如表 1-43 所示。

表 1-43　销售管理系统参数

项目	参数
业务控制	有委托代销业务 有分期收款业务 普通销售不必有订单 报价不含税

8．库存管理系统初始设置信息

（1）库存管理系统参数如表 1-44 所示。

表 1-44　库存管理系统参数

项目	参数
专用设置	自动带出单价的单据：销售出库单和材料出库单 出库单成本：最新成本

（2）库存期初余额如表 1-6 所示，存货编码依次为 001 至 006。

9．存货核算系统初始设置信息

（1）存货核算系统参数如表 1-45 所示。

表 1-45　存货核算系统参数

项目	参数
核算方式	销售成本核算方式：销售发票

（2）对方科目如表 1-46 所示。

表 1-46　对方科目

收发类别编码	收发类别名称	对方科目编码	对方科目名称
101	采购入库	1402	在途物资
301	销售出库	6401	主营业务成本

（3）存货期初余额如表 1-6 所示，存货编码依次为 001 至 006。

10．应收款管理系统初始设置信息

（1）应收款管理系统参数如表 1-47 所示。

表 1-47　应收款管理系统参数

项目	参数
常规	坏账处理方式：应收余额百分比法 自动计算现金折扣
凭证	凭证可编辑 单据审核后立即制单
权限与预警	不控制操作员权限

（2）基本科目如表 1-48 所示。

表 1-48　基本科目

基础科目种类	科目	币种
税金科目	22210102 销项税额	人民币

（3）控制科目如表 1-49 所示。

表 1-49　控制科目

客户编码	客户简称	应收科目	预收科目
001	新洋公司	112201 新洋公司	
002	东升公司	112202 东升公司	
003	方乐公司	112203 方乐公司	
004	星海公司		220301 星海公司

（4）结算方式科目如表 1-50 所示。

表 1-50　结算方式科目

结算方式	币种	科目
1 现金结算	人民币	1001 库存现金
201 现金支票		100201 中行存款
202 转账支票		
301 银行承兑汇票		
302 商业承兑汇票		

（5）坏账准备参数如表 1-51 所示。

表 1-51　坏账准备参数

金额单位：元

项目	参数
提取比率	2%
坏账准备期初余额	68 547.00
坏账准备科目	1231 坏账准备
对方科目	6702 信用减值损失

（6）账期内账龄区间如表 1-52 所示。

表 1-52　账期内账龄区间

序号	起止天数	总天数
01	0～30	30
02	31～60	60
03	61～90	90
04	91～120	120
05	121 以上	

（7）报警级别如表 1-53 所示。

表 1-53　报警级别

序号	起止比率	总比率	级别名称
01	0～10%	10%	A
02	10%～30%	30%	B
03	30%～50%	50%	C
04	50%～100%	100%	D
05	100%以上		E

（8）期初余额如表 1-54 和表 1-55 所示。

表 1-54　销售发票——销售专用发票

金额单位：元

开票日期	客户简称	科目	币种	销售部门	业务员	货物名称	税率	数量/件	价税合计
2022-10-21	新洋公司	112201 新洋公司	人民币	销售部	程杰	铝制品 A	13%	1 000	2 373 000.00
2022-11-10	东升公司	112202 东升公司	人民币	销售部	刘晓霞	铝制品 A	13%	500	1 186 500.00
2023-02-05	方乐公司	112203 方乐公司	人民币	销售部	周勇	铝制品 B	13%	1 000	1 582 000.00

表 1-55　预收款——收款单

金额单位：元

日期	客户简称	结算方式	金额	部门	业务员	摘要
2022-09-07	星海公司	转账支票	1 582 000.00	销售部	刘晓霞	预收销售款

11．应付款管理系统初始设置信息

（1）应付款管理系统参数如表 1-56 所示。

表 1-56　应付款管理系统参数

项目	参数
凭证	凭证可编辑 单据审核后立即制单
权限与预警	不控制操作员权限
核销设置	应付款核销方式：按单据

（2）基本科目如表 1-57 所示。

表 1-57　基本科目

基础科目种类	科目	币种
预付科目	112301 美盛公司	人民币
采购科目	1402 在途物资	
税金科目	22210101 进项税额	

（3）结算方式科目同应收款管理系统（见表 1-50）。

（4）账期内账龄区间和报警级别同应收款管理系统（见表 1-52 和表 1-53）。

（5）期初余额如表 1-58 和表 1-59 所示。

表 1-58　应付单——其他应付单

金额单位：元

日期	供应商简称	科目	币种	金额	部门	业务员
2021-10-20	桂湖公司	2202 应付账款	人民币	706 250.00	采购部	谢宏
2022-05-17	乐奇公司	2202 应付账款	人民币	4 237 500.00	采购部	张明
2023-08-25	龙华公司	2202 应付账款	人民币	2 839 811.45	采购部	刘华

表 1-59　预付款——付款单

金额单位：元

日期	供应商简称	结算方式	金额	部门	业务员	摘要
2023-03-29	美盛公司	转账支票	1 400 000.00	采购部	谢宏	预付采购款

实训步骤 »

一、手工操作步骤

根据北京宏达 2023 年 12 月初的账务资料，完成期初建账工作，具体操作步骤如下。

（1）建立总账，并登记期初余额。

（2）建立库存现金日记账、银行存款日记账，并登记期初余额。

（3）建立应收账款、预付账款、应付账款、预收账款、应交税费、原材料、库存商品等明细账，并登记期初余额。

（4）进行期初试算平衡。

二、智能化操作步骤

根据北京宏达 2023 年 12 月初的账务资料和智能化操作所需资料，使用用友 U8 建立企业账套，完成各项初始设置工作。

（1）以系统管理员“admin”的身份登录系统管理，设置用户，建立账套，启用各个管理系统，设置操作员权限。

（2）以账套主管“CW001 李霞”的身份登录企业应用平台，对各个管理系统进行初始设置，具体操作步骤如下。

企业基础档案： 设置机构人员信息、客商信息、存货信息、财务信息、收付结算信息、单据编号信息和业务信息。

总账管理系统： 设置总账管理系统参数、常用摘要，录入总账管理系统期初余额。

薪资管理系统： 建立工资账套，设置人员附加信息、人员档案、工资项目和公式，录入工资基本数据。

固定资产管理系统： 设置固定资产管理系统参数、部门对应折旧科目、资产类别和固定资产增减方式，录入固定资产原始卡片。

采购管理系统： 设置采购管理系统参数。

销售管理系统： 设置销售管理系统参数。

库存管理系统： 设置库存管理系统参数，录入库存期初余额。

存货核算系统： 设置存货核算系统参数和对方科目，录入存货期初余额。

应收款管理系统： 设置应收款管理系统参数、基本科目、控制科目、结算方式科目、坏账准备参数、账期内账龄区间和报警级别，录入应收账款期初余额。

应付款管理系统： 设置应付款管理系统参数、基本科目、结算方式科目、账期内账龄区间和报警级别，录入应付账款期初余额。

实训指导 »

一、手工操作指导

手工操作指导如表 1-60 所示。

表 1-60　手工操作指导

序号	项目	二维码
1	建立总账	
2	建立日记账	
3	建立明细账	

二、智能化操作指导

智能化操作指导如表 1-61 所示。

表 1-61　智能化操作指导

序号	项目	二维码
1	启用系统管理	
2	设置企业基础档案	
3	总账管理系统初始设置	

（续表）

序号	项目	二维码
4	薪资管理系统初始设置	
5	固定资产管理系统初始设置	
6	采购管理系统初始设置	
7	销售管理系统初始设置	
8	库存管理系统初始设置	
9	存货核算系统初始设置	
10	应收款管理系统初始设置	
11	应付款管理系统初始设置	

实训评价 »

各组派 1 名小组代表展示实训结果，并配合指导教师完成实训评价表（见表 1-62）。

表 1-62　实训评价表

<table>
<tr><th rowspan="2">考核项目</th><th rowspan="2">评价内容</th><th rowspan="2">分值</th><th colspan="3">评价分数</th></tr>
<tr><th>自评</th><th>互评</th><th>师评</th></tr>
<tr><td rowspan="3">个人素养考核
（20 分）</td><td>日常考勤与仪容仪表</td><td>5</td><td></td><td></td><td></td></tr>
<tr><td>责任意识与学习态度</td><td>5</td><td></td><td></td><td></td></tr>
<tr><td>团队意识与合作精神</td><td>10</td><td></td><td></td><td></td></tr>
<tr><td rowspan="3">专业能力考核
（80 分）</td><td>实训准备过程记录及讨论的完成度</td><td>10</td><td></td><td></td><td></td></tr>
<tr><td>实训过程的完成度</td><td>30</td><td></td><td></td><td></td></tr>
<tr><td>实训结果的完整性与准确度</td><td>40</td><td></td><td></td><td></td></tr>
<tr><td colspan="2">合计：自评分数（15%）_____+互评分数（15%）_____+师评分数（70%）_____=综合分数_____</td><td>100</td><td></td><td></td><td></td></tr>
<tr><td>综合评价</td><td colspan="5"></td></tr>
<tr><td colspan="2">考评日期：</td><td colspan="4">指导教师（签名）：</td></tr>
</table>

智能会计实训二

处理日常经济业务

知识目标

- 熟悉原始凭证和记账凭证的基本内容。
- 掌握填制原始凭证和记账凭证的基本要求。
- 掌握审核原始凭证和记账凭证的方法。
- 掌握日记账和明细账的登记方法。

技能目标

- 能够根据企业发生的经济业务正确填制和审核会计凭证。
- 能够正确、规范地登记日记账和明细账。
- 能够使用会计信息系统处理日常经济业务。

素养目标

- 具备良好的沟通能力，积极与他人合作。
- 提高自学能力和应变能力，快速适应不同的工作环境。

实训引入 »

在建立好会计信息系统账套之后，财务部主管李霞先让本部门人员熟悉用友 U8 的操作程序。2023 年 12 月 1 日，待全部人员都能熟练操作用友 U8 后，李霞便让大家开始使用用友 U8 来处理企业的日常经济业务，并且嘱咐大家要同时做好手工记账工作，确保“双线并行”。

实训分组 »

一、任务描述

根据北京宏达 2023 年 12 月发生的经济业务，填制和审核相关的原始凭证和记账凭证，并根据审核无误的记账凭证登记相关会计账簿。

二、任务分工

全班学生以 4~6 人为一组进行分组，每组设 1 名组长。小组成员共同讨论任务分工并将分工情况填到表 2-1 中。

表 2-1　小组成员及分工情况

<table>
<tr><th>小组成员</th><th>姓名</th><th>学号</th><th>任务分工</th></tr>
<tr><td>组长</td><td></td><td></td><td></td></tr>
<tr><td rowspan="5">组员</td><td></td><td></td><td></td></tr>
<tr><td></td><td></td><td></td></tr>
<tr><td></td><td></td><td></td></tr>
<tr><td></td><td></td><td></td></tr>
<tr><td></td><td></td><td></td></tr>
</table>

实训准备 »

一、知识准备

在实训开始前，请各组思考以下问题，并进行讨论和分析。

（1）原始凭证具备哪些基本内容？填制原始凭证应符合哪些基本要求？

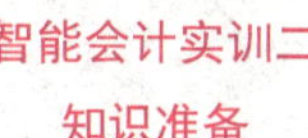

（2）原始凭证的审核主要包括哪几个方面？

（3）记账凭证具备哪些基本内容？填制记账凭证应符合哪些基本要求？

（4）记账凭证的审核主要包括哪几个方面？

（5）日记账和明细账的登记方法分别是什么？

二、资料和用具准备

（一）手工操作所需资料和用具

手工操作需要用到北京宏达 2023 年 12 月的经济业务资料；所需用具除各种账页（见实训一的表 1-7）之外，还有收款凭证、付款凭证和转账凭证。

2023 年 12 月，北京宏达发生了以下经济业务。

（1）业务 1：1 日，收到一笔投资款，款项已存入银行。原始凭证如图 2-1 和图 2-2 所示（投资合同略），所需记账凭证如图 2-3 所示。

中国银行 BANK OF CHINA

银行进账单（收账通知）

2023年 12 月 01 日　　　　No. 12345678

出票人	全　称	北京天成有限公司	收款人	全　称	北京宏达金属工业有限公司
	账　号	502000480056323		账　号	310128636425789
	开户行	中国建设银行北京××支行		开户行	中国银行北京××支行

金额	人民币（大写）	壹拾万圆整	亿	千	百	十	万	千	百	十	元	角	分
					¥	1	0	0	0	0	0	0	0

票据种类	转账支票	票据张数	1
票据号码	07483560		

复核　　记账

中国银行 北京××支行 2023.12.01 转 讫

开户行签章

图 2-1　银行进账单的收账通知联（天成公司投资款）示意图

收 款 收 据

年　　月　　日　　　　NO.405

付款单位或个人：________

收款事由：________

人民币（大写）________　（小写）¥________

备注：________

收款单位（章）：　　　　出纳：

图 2-2　空白收款收据示意图

收 款 凭 证

借方科目:________　　　　年　　月　　日　　　　____字第____号

摘　要	贷方科目		√	金额									
	总账科目	明细科目		千	百	十	万	千	百	十	元	角	分
合　计						¥							

附单据　张

财务主管:　　记账:　　出纳:　　复核:　　制单:

图 2-3　空白收款凭证示意图

（2）业务 2：3 日，采购部刘华以现金支付业务招待费。原始凭证如图 2-4 和图 2-5 所示，所需记账凭证如图 2-6 所示。

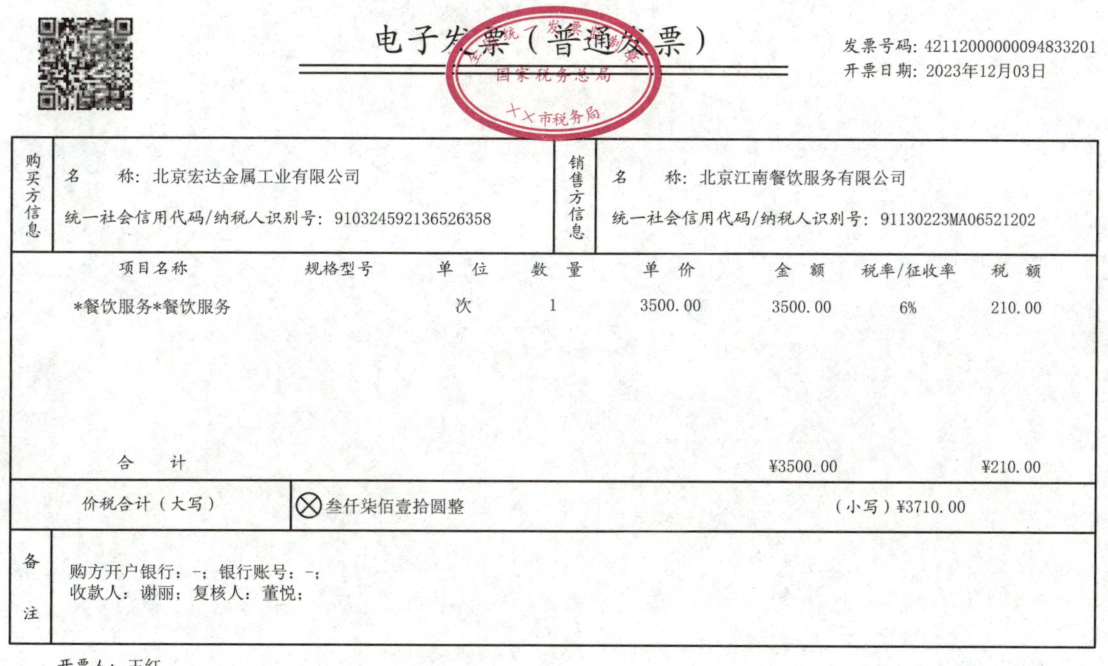

电子发票（普通发票）

发票号码: 42112000000094833201
开票日期: 2023年12月03日

购买方信息	名　称: 北京宏达金属工业有限公司 统一社会信用代码/纳税人识别号: 910324592136526358	销售方信息	名　称: 北京江南餐饮服务有限公司 统一社会信用代码/纳税人识别号: 91130223MA06521202

项目名称	规格型号	单　位	数　量	单　价	金　额	税率/征收率	税　额
*餐饮服务*餐饮服务		次	1	3500.00	3500.00	6%	210.00
合　计					¥3500.00		¥210.00

价税合计（大写）	⊗叁仟柒佰壹拾圆整　　（小写）¥3710.00
备注	购方开户银行: -; 银行账号: -; 收款人: 谢丽; 复核人: 董悦;

开票人: 王红

图 2-4　餐饮服务电子发票（普通发票）示意图

费 用 报 销 单

部门:　　　　　　　　　　　　年　　月　　日

费用名称	摘　要	报销金额							
		十	万	千	百	十	元	角	分
合计	（大写）　拾　万　仟　佰　拾　元　角　分								

附件:　张

会计主管:　　　　出纳:　　　　部门主管:　　　　报销人:

图 2-5　空白费用报销单示意图

付 款 凭 证

贷方科目:______　　　　年　　月　　日　　　　____字第____号

摘　要	借方科目		✓	金　额									
	总账科目	明细科目		千	百	十	万	千	百	十	元	角	分
合　计						¥							

附单据　张

财务主管:　　　记账:　　　出纳:　　　复核:　　　制单:

图 2-6　空白付款凭证示意图

（3）业务 3：5 日，人事部张利购入办公用品，以现金支付。原始凭证如图 2-7 和图 2-8 所示，所需记账凭证如图 2-9 所示。

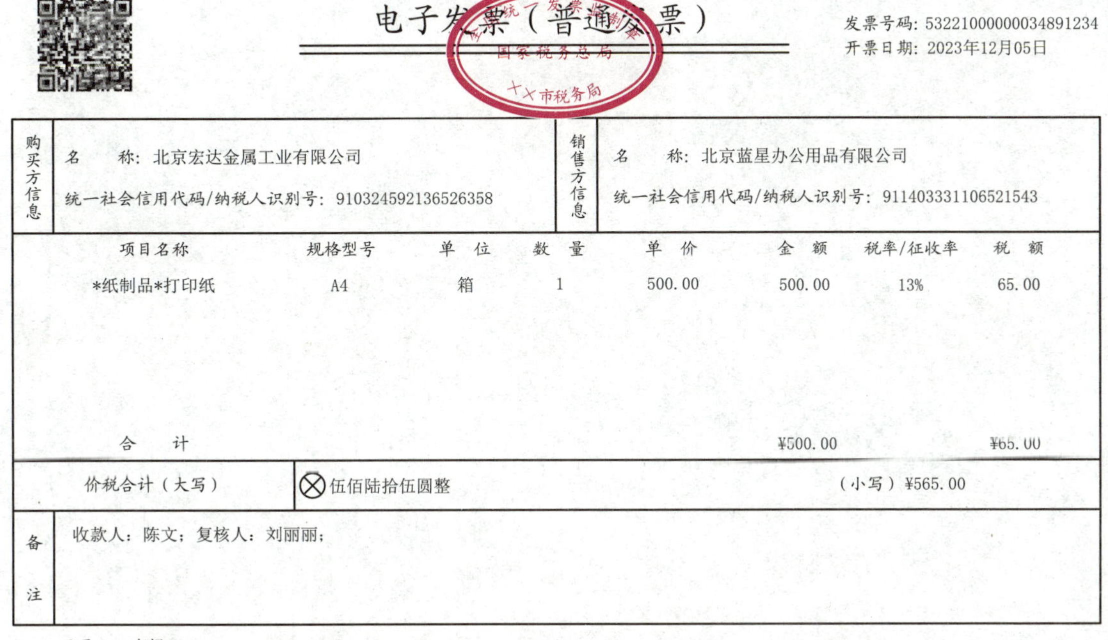

电子发票（普通发票）

发票号码：53221000000034891234
开票日期：2023年12月05日

购买方信息	名　　称：北京宏达金属工业有限公司 统一社会信用代码/纳税人识别号：910324592136526358	销售方信息	名　　称：北京蓝星办公用品有限公司 统一社会信用代码/纳税人识别号：911403331106521543

项目名称	规格型号	单　位	数　量	单　价	金　额	税率/征收率	税　额
*纸制品*打印纸	A4	箱	1	500.00	500.00	13%	65.00
合　　计					¥500.00		¥65.00
价税合计（大写）	⊗伍佰陆拾伍圆整				（小写）¥565.00		
备注	收款人：陈文；复核人：刘丽丽；						

开票人：李杨

图 2-7　购入办公用品取得的电子发票（普通发票）示意图

费用报销单

部门：　　　　　　　　　　　　年　　月　　日

费用名称	摘　要	报销金额 十	万	千	百	十	元	角	分
合计	（大写）　拾　万　仟　佰　拾　元　角　分								

附件：　张

会计主管：　　　　出纳：　　　　部门主管：　　　　报销人：

图 2-8　空白费用报销单示意图

付 款 凭 证

贷方科目:＿＿＿＿＿＿　　　　年　　月　　日　　　　＿＿字第＿＿号

摘　要	借　方　科　目		✓	金　　额									
	总账科目	明细科目		千	百	十	万	千	百	十	元	角	分
合　计						¥							

附单据　张

财务主管:　　记账:　　出纳:　　复核:　　制单:

图 2-9　空白付款凭证示意图

（4）业务 4：5 日，从银行提取备用金。原始凭证如图 2-10 所示，所需记账凭证如图 2-11 所示。

中国银行
现金支票存根
10500320
08916603

附加信息

出票日期 2023年12月05日

收款人：北京宏达金属工业有限公司
金额：¥5 000.00
用途：备用金

单位主管 李霞 会计 王洋

图 2-10　现金支票存根示意图

付款凭证				
贷方科目:____		年　月　日		____字第____号

<table>
<tr><td rowspan="2">摘　要</td><td colspan="2">借　方　科　目</td><td rowspan="2">√</td><td colspan="10">金　额</td><td rowspan="8">附单据　张</td></tr>
<tr><td>总账科目</td><td>明细科目</td><td>千</td><td>百</td><td>十</td><td>万</td><td>千</td><td>百</td><td>十</td><td>元</td><td>角</td><td>分</td></tr>
<tr><td></td><td></td><td></td><td></td><td></td><td></td><td></td><td></td><td></td><td></td><td></td><td></td><td></td><td></td></tr>
<tr><td></td><td></td><td></td><td></td><td></td><td></td><td></td><td></td><td></td><td></td><td></td><td></td><td></td><td></td></tr>
<tr><td></td><td></td><td></td><td></td><td></td><td></td><td></td><td></td><td></td><td></td><td></td><td></td><td></td><td></td></tr>
<tr><td></td><td></td><td></td><td></td><td></td><td></td><td></td><td></td><td></td><td></td><td></td><td></td><td></td><td></td></tr>
<tr><td></td><td></td><td></td><td></td><td></td><td></td><td></td><td></td><td></td><td></td><td></td><td></td><td></td><td></td></tr>
<tr><td colspan="3">合　计</td><td></td><td></td><td></td><td>¥</td><td></td><td></td><td></td><td></td><td></td><td></td><td></td></tr>
</table>

财务主管:　　记账:　　出纳:　　复核:　　制单:

图 2-11　空白付款凭证示意图

（5）业务 5：7 日，销售部程杰前往上海参加为期 3 天的营销培训（10 日返回），需预支差旅费。经批准，出纳人员以现金支付了这笔费用。原始凭证如图 2-12 所示，所需记账凭证如图 2-13 所示。

借款单

年　月　日　　　　NO.00958

<table>
<tr><td>借款部门</td><td></td><td>职务</td><td></td><td>借款人</td><td></td></tr>
<tr><td>借款事由</td><td colspan="5"></td></tr>
<tr><td>借款金额</td><td colspan="5">人民币（大写）　　　　（小写）</td></tr>
<tr><td colspan="6">单位（或部门）负责人意见:</td></tr>
</table>

审核:　　会计:　　出纳:　　借款人:

图 2-12　空白借款单示意图

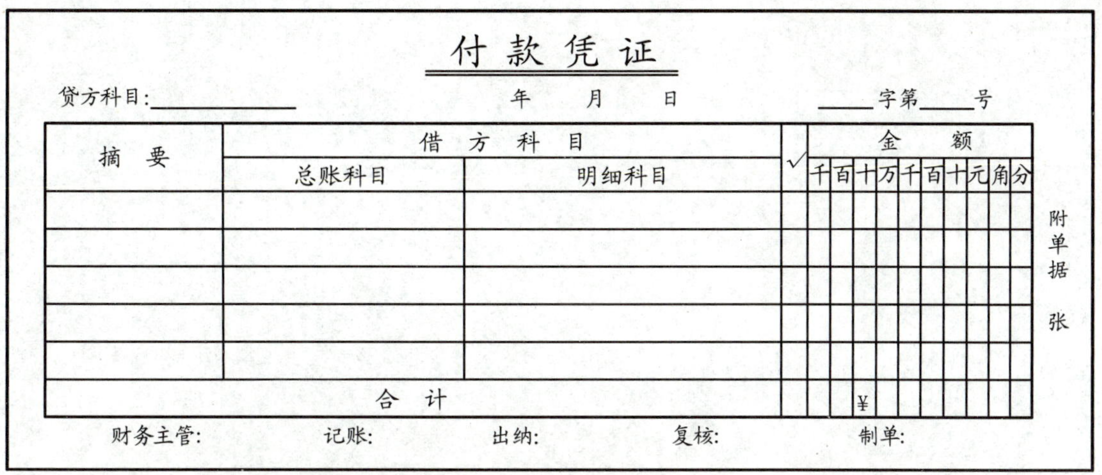

付款凭证

贷方科目:＿＿＿＿　　年　月　日　　＿＿字第＿＿号

<table>
<tr><td rowspan="2">摘要</td><td colspan="2">借方科目</td><td rowspan="2">√</td><td colspan="10">金额</td></tr>
<tr><td>总账科目</td><td>明细科目</td><td>千</td><td>百</td><td>十</td><td>万</td><td>千</td><td>百</td><td>十</td><td>元</td><td>角</td><td>分</td></tr>
<tr><td></td><td></td><td></td><td></td><td></td><td></td><td></td><td></td><td></td><td></td><td></td><td></td><td></td><td></td></tr>
<tr><td></td><td></td><td></td><td></td><td></td><td></td><td></td><td></td><td></td><td></td><td></td><td></td><td></td><td></td></tr>
<tr><td></td><td></td><td></td><td></td><td></td><td></td><td></td><td></td><td></td><td></td><td></td><td></td><td></td><td></td></tr>
<tr><td></td><td></td><td></td><td></td><td></td><td></td><td></td><td></td><td></td><td></td><td></td><td></td><td></td><td></td></tr>
<tr><td></td><td></td><td></td><td></td><td></td><td></td><td></td><td></td><td></td><td></td><td></td><td></td><td></td><td></td></tr>
<tr><td colspan="3">合计</td><td></td><td></td><td></td><td>¥</td><td></td><td></td><td></td><td></td><td></td><td></td><td></td></tr>
</table>

附单据　张

财务主管:　记账:　出纳:　复核:　制单:

图 2-13　空白付款凭证示意图

（6）业务 6：8 日，采购部谢宏购入一批原材料。该批原材料于当日上午发货，下午到货，经验收合格后入材料库。货款先从预付款里扣除，剩余货款以银行存款支付。原始凭证如图 2-14 至图 2-16 所示，所需记账凭证如图 2-17 至图 2-19 所示。

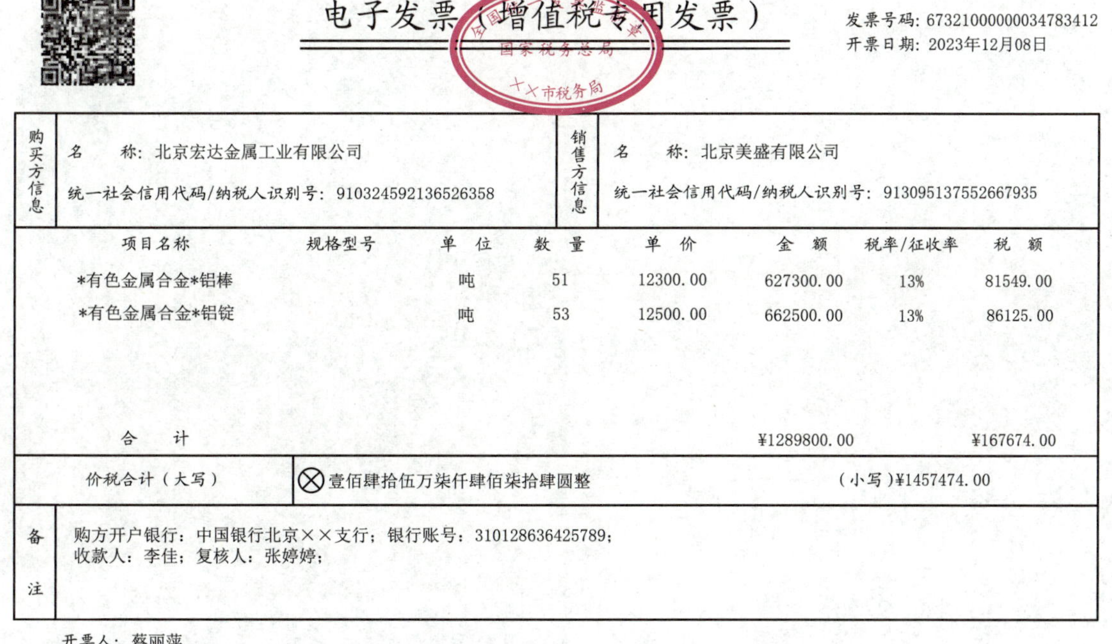

电子发票（增值税专用发票）

发票号码：67321000000034783412
开票日期：2023年12月08日

购买方信息	名　称：北京宏达金属工业有限公司 统一社会信用代码/纳税人识别号：910324592136526358	销售方信息	名　称：北京美盛有限公司 统一社会信用代码/纳税人识别号：913095137552667935

项目名称	规格型号	单位	数量	单价	金额	税率/征收率	税额
*有色金属合金*铝棒		吨	51	12300.00	627300.00	13%	81549.00
*有色金属合金*铝锭		吨	53	12500.00	662500.00	13%	86125.00
合　计					¥1289800.00		¥167674.00
价税合计（大写）	⊗壹佰肆拾伍万柒仟肆佰柒拾肆圆整				（小写）¥1457474.00		

备注	购方开户银行：中国银行北京××支行；银行账号：310128636425789； 收款人：李佳；复核人：张婷婷；

开票人：蔡丽萍

图 2-14　购入原材料取得的电子发票（增值税专用发票）示意图

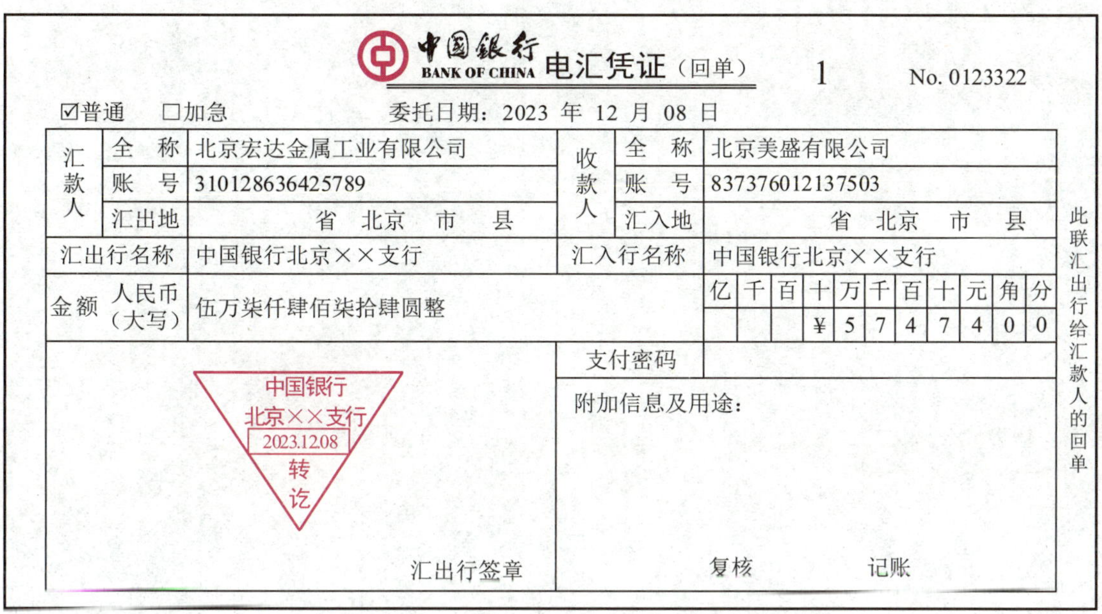

中国银行 BANK OF CHINA 电汇凭证（回单）　1　No. 0123322

☑普通　☐加急　委托日期：2023 年 12 月 08 日

汇款人	全　称	北京宏达金属工业有限公司	收款人	全　称	北京美盛有限公司
	账　号	310128636425789		账　号	837376012137503
	汇出地	省 北京 市 县		汇入地	省 北京 市 县
汇出行名称		中国银行北京××支行	汇入行名称		中国银行北京××支行
金额	人民币（大写）	伍万柒仟肆佰柒拾肆圆整	亿 千 百 十 万 千 百 十 元 角 分		¥ 5 7 4 7 4 0 0
			支付密码		
中国银行北京××支行 2023.12.08 转讫　汇出行签章			附加信息及用途： 复核　记账		

此联汇出行给汇款人的回单

图 2-15　电汇凭证（回单）示意图

收　料　单

供货单位：　　　　年　月　日　　　　收料仓库：

发票号码：　　　　　　　　　　　　收料单编号：

编号	名称	规格	单位	数量		实际成本/元			
				应收	实收	单价	金额	采购费用	合计
备注									

采购员：　　　检验员：　　　记账员：　　　保管员：

图 2-16　空白收料单示意图

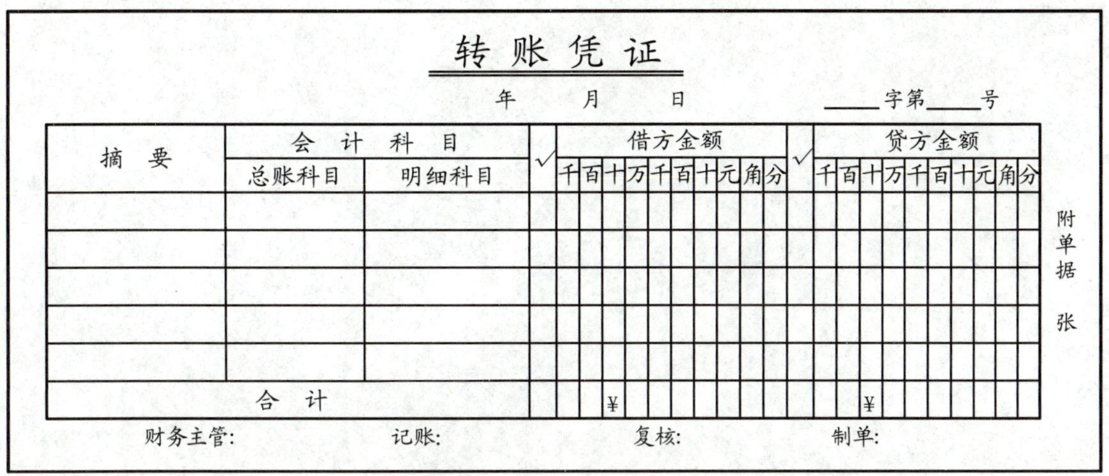

转账凭证

年　月　日　　　　____字第____号

摘要	会计科目		✓	借方金额										✓	贷方金额									
	总账科目	明细科目		千	百	十	万	千	百	十	元	角	分		千	百	十	万	千	百	十	元	角	分
合计						¥											¥							

附单据　张

财务主管:　　记账:　　复核:　　制单:

图 2-17　空白转账凭证示意图

付款凭证

贷方科目:____________　　年　月　日　　　　____字第____号

摘要	借方科目		✓	金额									
	总账科目	明细科目		千	百	十	万	千	百	十	元	角	分
合计						¥							

附单据　张

财务主管:　　记账:　　出纳:　　复核:　　制单:

图 2-18　空白付款凭证示意图

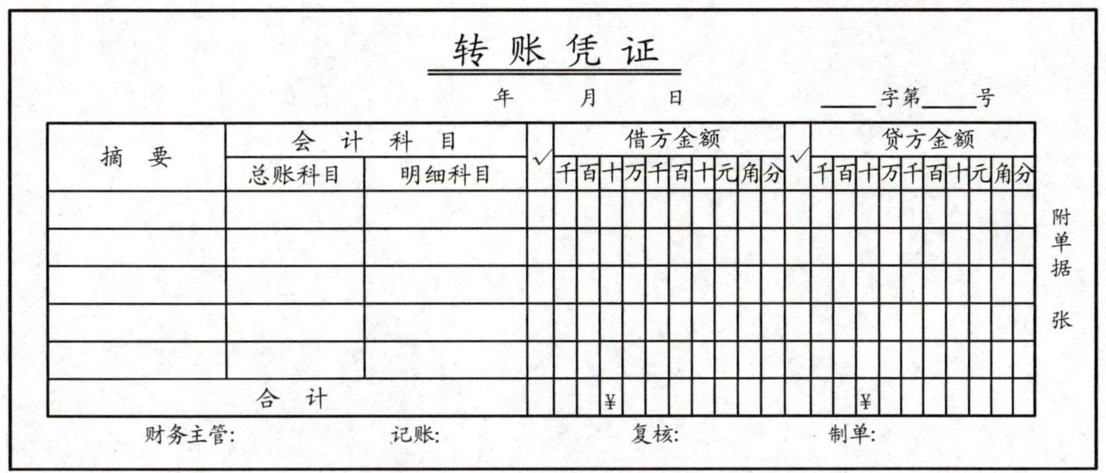

转 账 凭 证

年　　月　　日　　　　　　＿＿字第＿＿号

摘　要	会计科目		√	借方金额										√	贷方金额									
	总账科目	明细科目		千	百	十	万	千	百	十	元	角	分		千	百	十	万	千	百	十	元	角	分
合　计						¥											¥							

附单据　张

财务主管:　　记账:　　复核:　　制单:

图 2-19　空白转账凭证示意图

（7）业务 7：9 日，采购部张明购入一批台式电脑（预计可使用 36 个月，预计净残值率为 5%），款项尚未支付。这批台式电脑由生产部领用。原始凭证如图 2-20 和图 2-21 所示，所需记账凭证如图 2-22 所示。

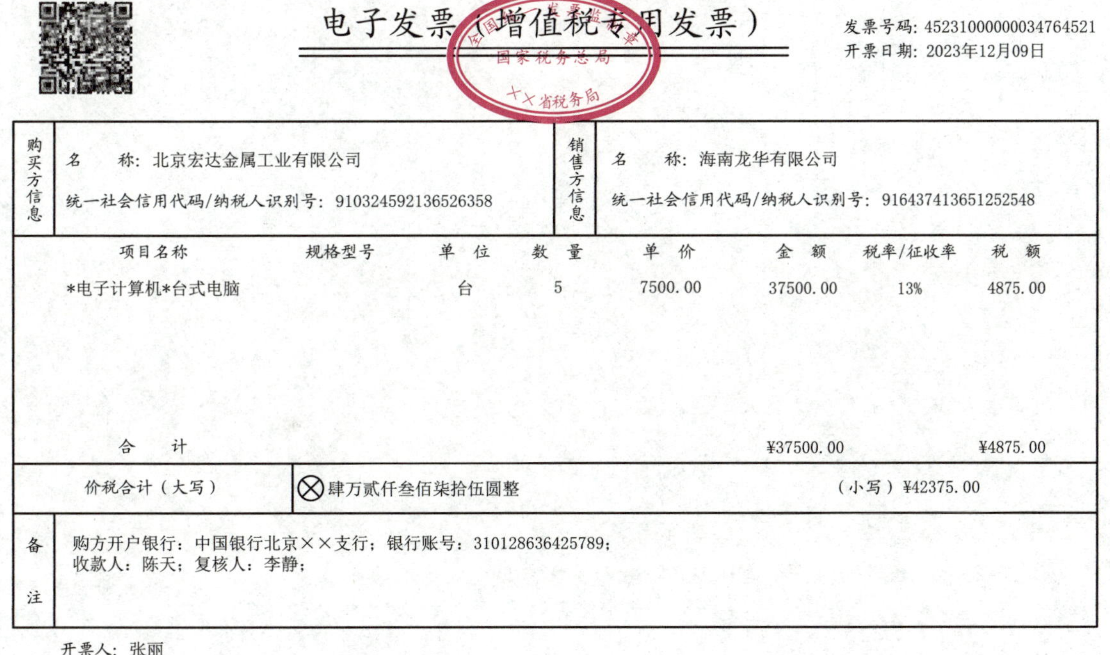

电子发票（增值税专用发票）

国家税务总局
××省税务局

发票号码：45231000000034764521
开票日期：2023年12月09日

购买方信息	名　称：北京宏达金属工业有限公司 统一社会信用代码/纳税人识别号：910324592136526358	销售方信息	名　称：海南龙华有限公司 统一社会信用代码/纳税人识别号：916437413651252548

项目名称	规格型号	单　位	数　量	单　价	金　额	税率/征收率	税　额
*电子计算机*台式电脑		台	5	7500.00	37500.00	13%	4875.00
合　计					¥37500.00		¥4875.00

价税合计（大写）	⊗肆万贰仟叁佰柒拾伍圆整　　（小写）¥42375.00
备注	购方开户银行：中国银行北京××支行；银行账号：310128636425789； 收款人：陈天；复核人：李静；

开票人：张丽

图 2-20　购入台式电脑取得的电子发票（增值税专用发票）示意图

固定资产验收单

年　月　日

资产名称		生产商	略	
规格及型号	略	供货单位		
成本项目				
买价/元	运杂费/元	原值/元	已提折旧/元	净值/元
验收部门	验收意见		验收时间	
使用部门			使用时间	

使用部门主管：　　　　验收部门主管：　　　　验收人：

图 2-21　空白固定资产验收单示意图

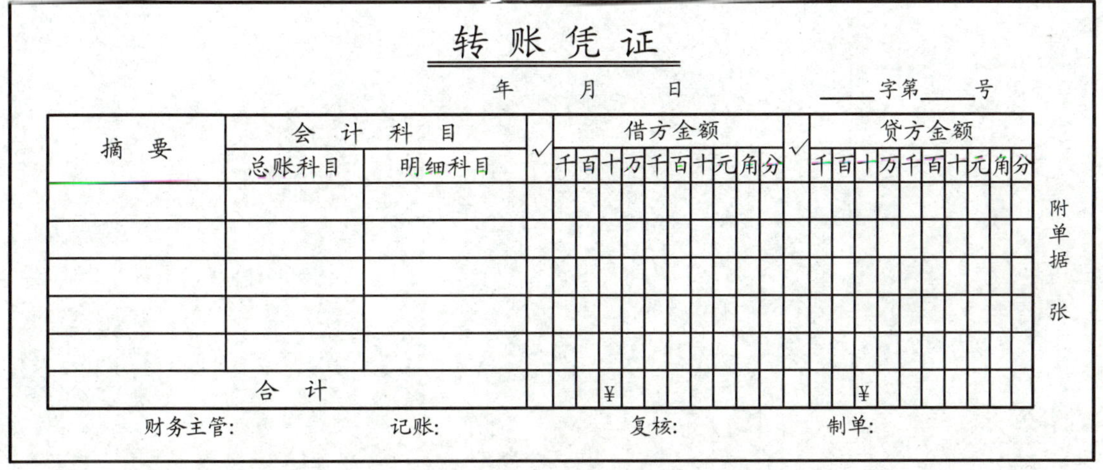

转 账 凭 证

年　月　日　　　＿＿字第＿＿号

摘要	会计科目		✓	借方金额	✓	贷方金额
	总账科目	明细科目		千百十万千百十元角分		千百十万千百十元角分
合　计				¥		¥

附单据　张

财务主管：　　记账：　　复核：　　制单：

图 2-22　空白转账凭证示意图

（8）业务 8：9 日，收到 1 台投资转入的不需要安装的全新设备（预计可使用 120 个月，预计净残值率为 5%），已投入二车间使用。原始凭证如图 2-23 和图 2-24 所示（投资合同略），所需记账凭证如图 2-25 所示。

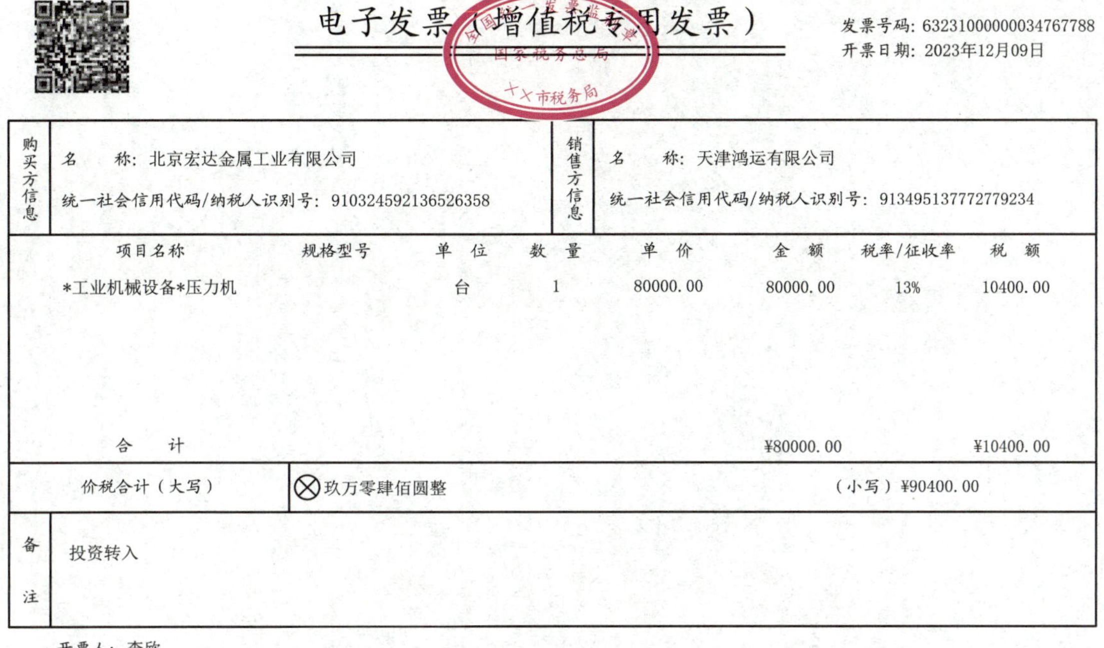

电子发票（增值税专用发票）

发票号码：63231000000034767788
开票日期：2023年12月09日

购买方信息	名　　称：北京宏达金属工业有限公司 统一社会信用代码/纳税人识别号：910324592136526358	销售方信息	名　　称：天津鸿运有限公司 统一社会信用代码/纳税人识别号：913495137772779234

项目名称	规格型号	单位	数量	单价	金额	税率/征收率	税额
*工业机械设备*压力机		台	1	80000.00	80000.00	13%	10400.00
合　计					¥80000.00		¥10400.00

价税合计（大写）	⊗玖万零肆佰圆整	（小写）¥90400.00

备注	投资转入

开票人：李欣

图 2-23　收到投资设备取得的电子发票（增值税专用发票）示意图

固定资产验收单

年　月　日

资产名称			生产商	略	
规格及型号	略		供货单位		
成本项目					
买价/元	运杂费/元		原值/元	已提折旧/元	净值/元
验收部门		验收意见		验收时间	
使用部门				使用时间	

使用部门主管：　　　　验收部门主管：　　　　验收人：

图 2-24　空白固定资产验收单示意图

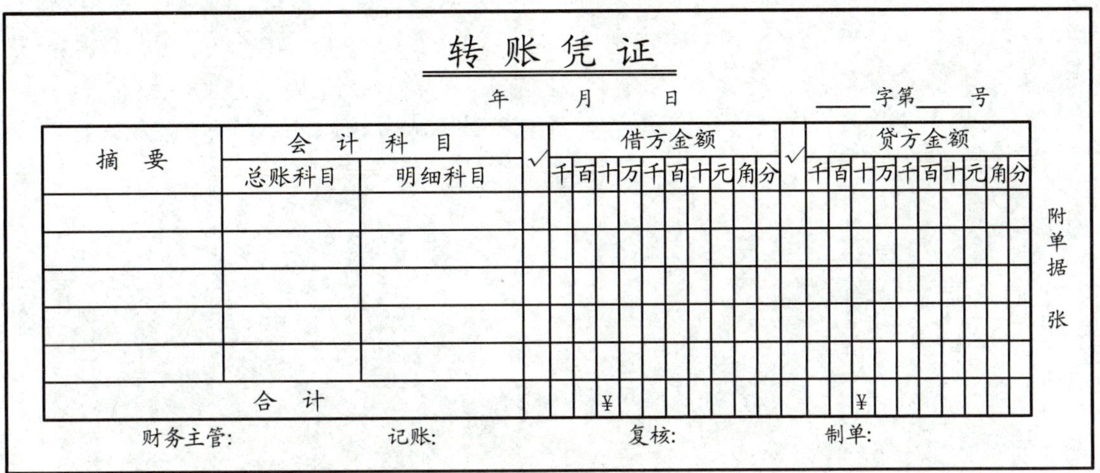

转 账 凭 证

年　　月　　日　　　　____字第____号

摘　要	会　计　科　目		✓	借方金额										✓	贷方金额									
	总账科目	明细科目		千	百	十	万	千	百	十	元	角	分		千	百	十	万	千	百	十	元	角	分
合　计						¥											¥							

附单据　张

财务主管:　　记账:　　复核:　　制单:

图 2-25　空白转账凭证示意图

（9）业务 9：10 日，销售部程杰报销差旅费，余款以现金交回。原始凭证如图 2-26 至图 2-29 所示，所需记账凭证如图 2-30 和图 2-31 所示。

差旅费报销单

部门：　　　　年　　月　　日

姓名		差旅费项目	人数	天数	单据张数	金额/元
出差地点		住宿费				
出差事由		交通费				
出差日期	自　月　日 至　月　日	餐饮费				
		补助费				
		其他				
合计金额（大写）		（小写）¥				
原借款金额 ¥____		退回 ✓ 或 补领____ 金额 ¥____				

单位负责人：　　部门主管：　　会计主管：　　出纳：　　填报人：

图 2-26　空白差旅费报销单示意图

电子发票（普通发票）

发票号码：34115000000094844302
开票日期：2023年12月10日

购买方信息	名　称：北京宏达金属工业有限公司 统一社会信用代码/纳税人识别号：910324592136526358	销售方信息	名　称：上海蓝天酒店管理有限公司 统一社会信用代码/纳税人识别号：911302235506531509

项目名称	规格型号	单　位	数　量	单　价	金　额	税率/征收率	税　额
*住宿服务*住宿费		天	3	200.00	600.00	6%	36.00
合　计					¥600.00		¥36.00
价税合计（大写）	⊗陆佰叁拾陆圆整				（小写）¥636.00		

备注	购方开户银行：-；银行账号：-； 收款人：张宇；复核人：范雨；

开票人：秦飞

图 2-27　住宿费电子发票（普通发票）示意图

电子发票（普通发票）

发票号码：56115000000094855607
开票日期：2023年12月10日

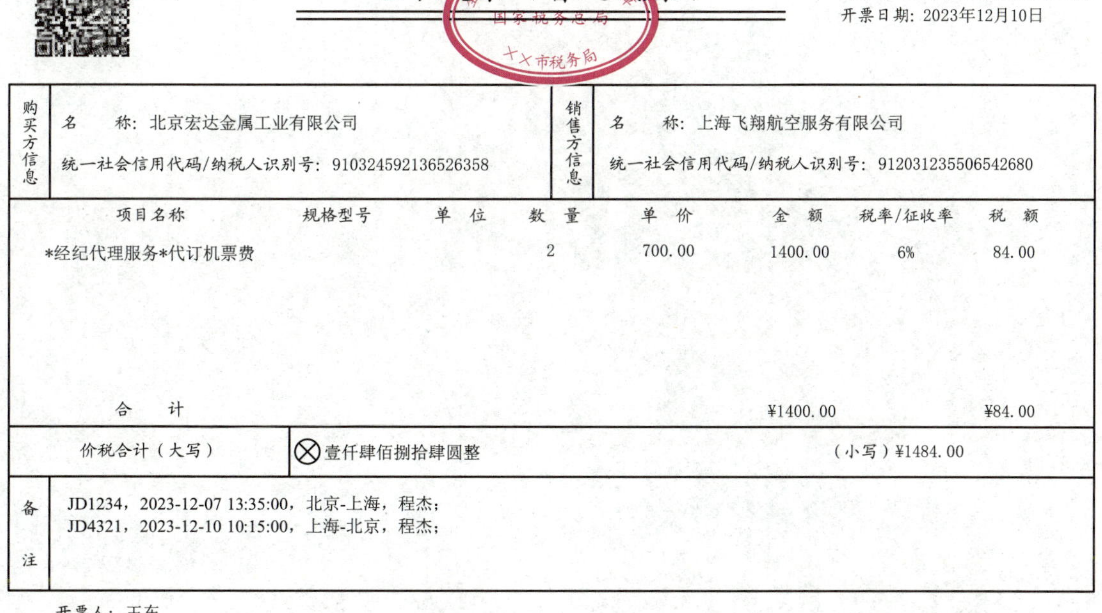

购买方信息	名　称：北京宏达金属工业有限公司 统一社会信用代码/纳税人识别号：910324592136526358	销售方信息	名　称：上海飞翔航空服务有限公司 统一社会信用代码/纳税人识别号：912031235506542680

项目名称	规格型号	单　位	数　量	单　价	金　额	税率/征收率	税　额
*经纪代理服务*代订机票费			2	700.00	1400.00	6%	84.00
合　计					¥1400.00		¥84.00
价税合计（大写）	⊗壹仟肆佰捌拾肆圆整				（小写）¥1484.00		

备注	JD1234，2023-12-07 13:35:00，北京-上海，程杰； JD4321，2023-12-10 10:15:00，上海-北京，程杰；

开票人：王东

图 2-28　机票费电子发票（普通发票）示意图

收款收据

年　　月　　日　　　　　　　　NO.406

付款单位或个人：________________

收款事由：________________

人民币（大写）________________　（小写）¥________

备注：________________

收款单位（章）：　　　　　　出纳：

图 2-29　空白收款收据示意图

收款凭证

借方科目：________　　　　年　　月　　日　　　　____字第____号

摘要	贷方科目		√	金额									
	总账科目	明细科目		千	百	十	万	千	百	十	元	角	分
合计						¥							

附单据　张

财务主管：　　记账：　　出纳：　　复核：　　制单：

图 2-30　空白收款凭证示意图

转账凭证

年　　月　　日　　　　____字第____号

摘要	会计科目		√	借方金额										√	贷方金额									
	总账科目	明细科目		千	百	十	万	千	百	十	元	角	分		千	百	十	万	千	百	十	元	角	分
合计						¥											¥							

附单据　张

财务主管：　　记账：　　复核：　　制单：

图 2-31　空白转账凭证示意图

（10）业务 10：10 日，销售部周勇销售一批铝制品 A。购货方签发了一张银行承兑汇票，货物已发出。原始凭证如图 2-32 至图 2-34 所示，所需记账凭证如图 2-35 所示。

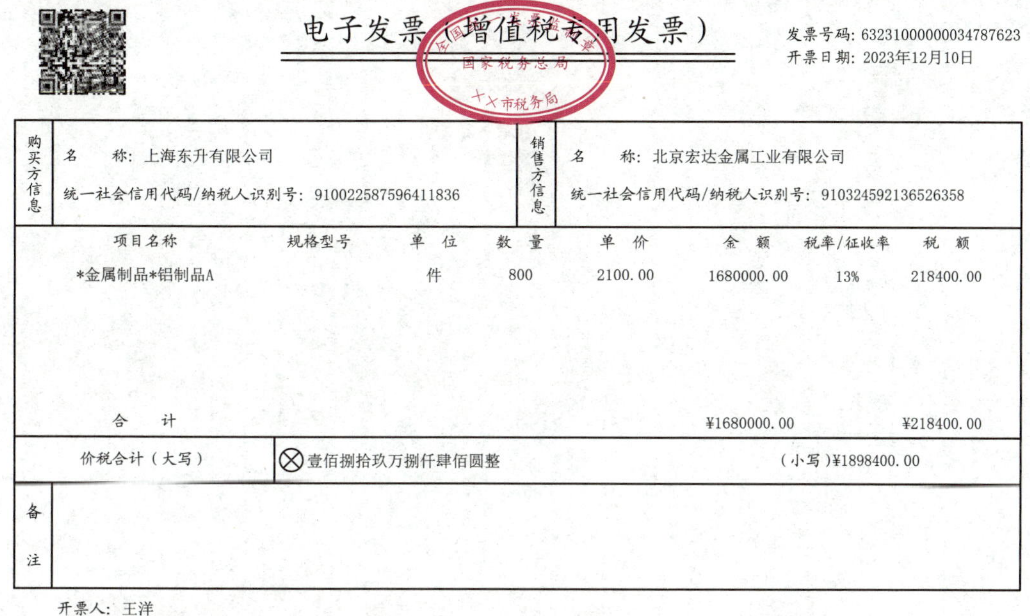

电子发票（增值税专用发票）

发票号码：63231000000034787623
开票日期：2023年12月10日

购买方信息	名称：上海东升有限公司 统一社会信用代码/纳税人识别号：910022587596411836	销售方信息	名称：北京宏达金属工业有限公司 统一社会信用代码/纳税人识别号：910324592136526358

项目名称	规格型号	单位	数量	单价	金额	税率/征收率	税额
*金属制品*铝制品A		件	800	2100.00	1680000.00	13%	218400.00
合计					¥1680000.00		¥218400.00
价税合计（大写）	⊗壹佰捌拾玖万捌仟肆佰圆整				（小写）¥1898400.00		
备注							

开票人：王洋

图 2-32 销售铝制品 A 开具的电子发票（增值税专用发票）示意图

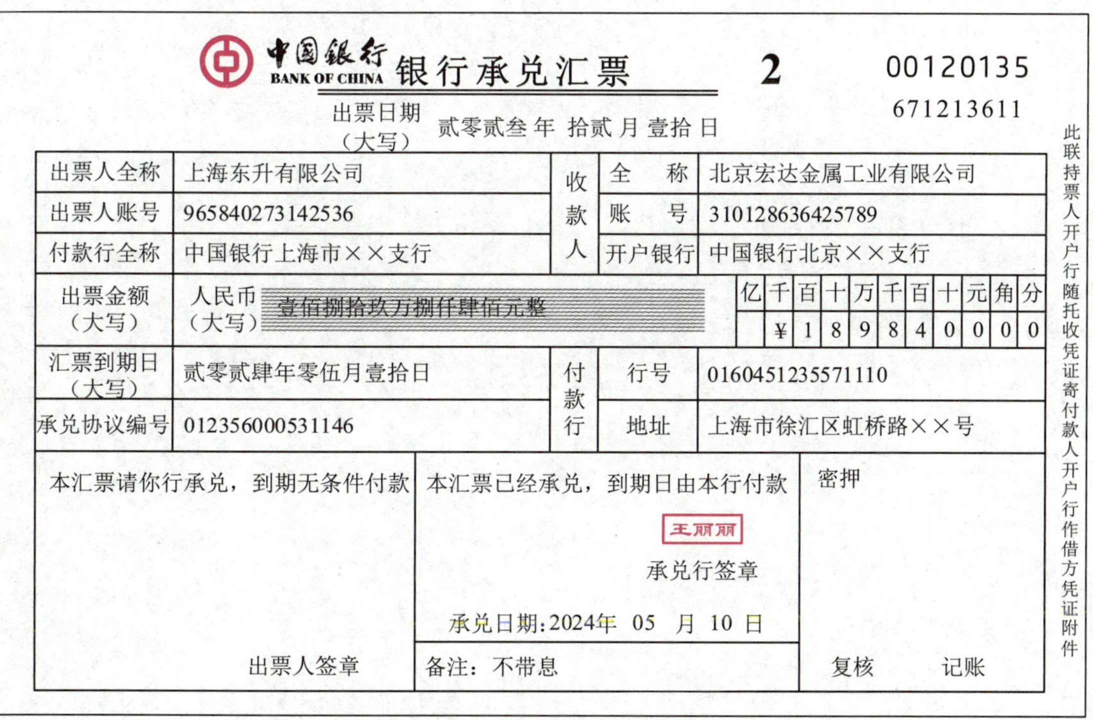

中国银行 BANK OF CHINA 银行承兑汇票 2

00120135
671213611

出票日期（大写）贰零贰叁 年 拾贰 月 壹拾 日

出票人全称	上海东升有限公司	收款人	全称	北京宏达金属工业有限公司
出票人账号	965840273142536		账号	310128636425789
付款行全称	中国银行上海市××支行		开户银行	中国银行北京××支行
出票金额（大写）	人民币（大写）壹佰捌拾玖万捌仟肆佰元整		亿 千 百 十 万 千 百 十 元 角 分	¥ 1 8 9 8 4 0 0 0 0
汇票到期日（大写）	贰零贰肆年零伍月壹拾日	付款行	行号	0160451235571110
承兑协议编号	012356000531146		地址	上海市徐汇区虹桥路××号
本汇票请你行承兑，到期无条件付款 出票人签章	本汇票已经承兑，到期日由本行付款 王丽丽 承兑行签章 承兑日期：2024年 05 月 10 日 备注：不带息		密押 复核 记账	

此联持票人开户行随托收凭证寄付款人开户行作借方凭证附件

图 2-33 银行承兑汇票示意图

出库单

收货单位：　　　　　　　　　　年　　月　　日　　　　　　编号：

商品编号	商品名称	计量单位	销售数量	出库数量	单位成本/元	总成本/元
合计						

第一联　存根联

会计：　　　　提货员：　　　　质检员：　　　　仓管员：

图 2-34　空白出库单示意图

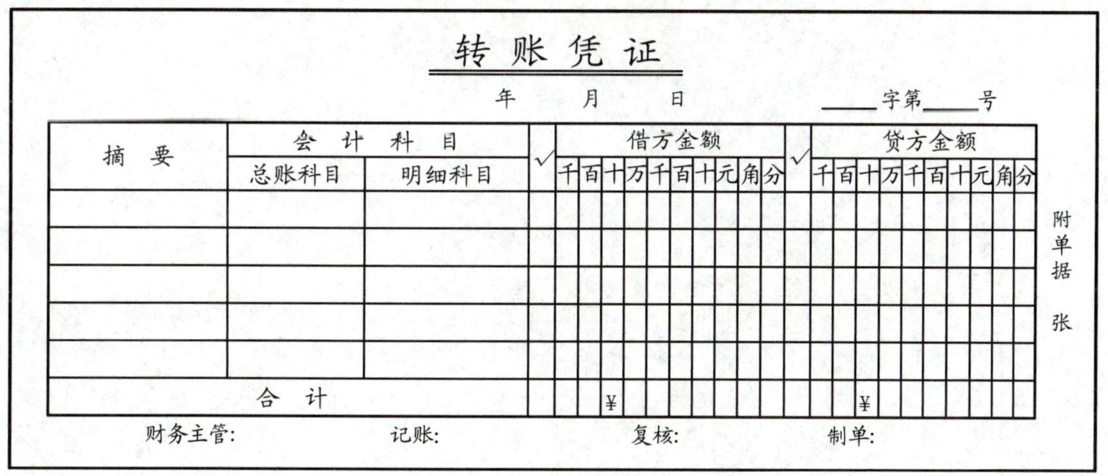

转账凭证

年　　月　　日　　　　　　　＿＿＿字第＿＿＿号

摘　要	会　计　科　目		✓	借方金额										✓	贷方金额									
	总账科目	明细科目		千	百	十	万	千	百	十	元	角	分		千	百	十	万	千	百	十	元	角	分
合　计						¥											¥							

附单据　张

财务主管：　　　记账：　　　复核：　　　制单：

图 2-35　空白转账凭证示意图

（11）业务 11：10 日，销售部刘晓霞销售一批铝制品 B。购货方已预付货款，货物已发出。原始凭证如图 2-36 和图 2-37 所示，所需记账凭证如图 2-38 所示。

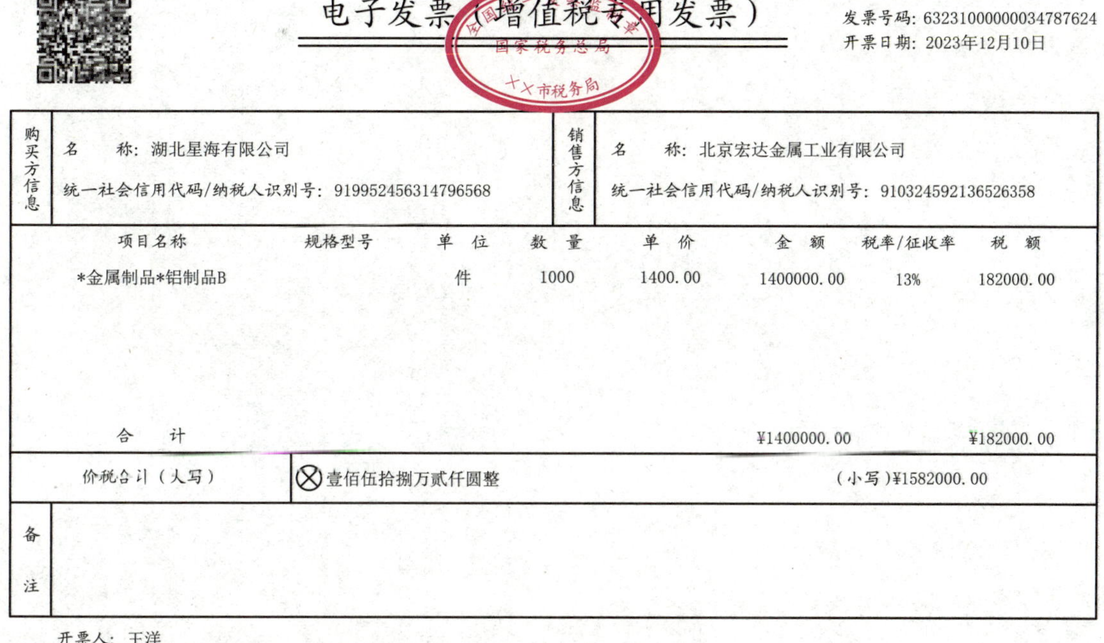

电子发票（增值税专用发票）

发票号码：63231000000034787624
开票日期：2023年12月10日

购买方信息	名称：湖北星海有限公司 统一社会信用代码/纳税人识别号：919952456314796568	销售方信息	名称：北京宏达金属工业有限公司 统一社会信用代码/纳税人识别号：910324592136526358

项目名称	规格型号	单位	数量	单价	金额	税率/征收率	税额
*金属制品*铝制品B		件	1000	1400.00	1400000.00	13%	182000.00
合计					¥1400000.00		¥182000.00
价税合计（大写）	⊗壹佰伍拾捌万贰仟圆整				（小写）¥1582000.00		
备注							

开票人：王洋

图 2-36　销售铝制品 B 开具的电子发票（增值税专用发票）示意图

出库单

收货单位：　　　　年　月　日　　　　编号：

产品编号	产品名称	计量单位	销售数量	出库数量	单位成本/元	总成本/元
合计						

第一联　存根联

会计：　　提货员：　　质检员：　　仓管员：

图 2-37　空白出库单示意图

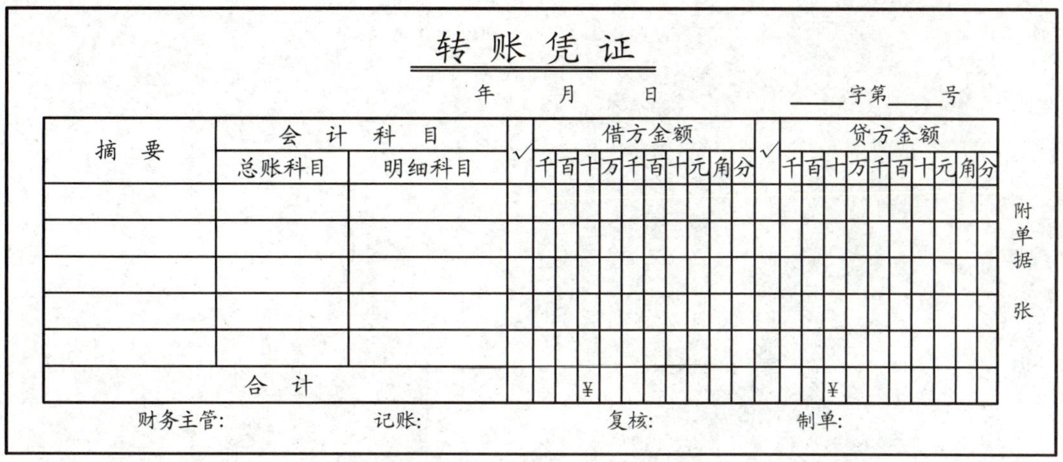

转 账 凭 证

年　　月　　日　　　　　　　　　　　　______字第______号

摘　要	会　计　科　目		✓	借方金额										✓	贷方金额									
	总账科目	明细科目		千	百	十	万	千	百	十	元	角	分		千	百	十	万	千	百	十	元	角	分
合　计						¥											¥							

附单据　张

财务主管:　　　记账:　　　复核:　　　制单:

图 2-38　空白转账凭证示意图

（12）业务 12：11 日，一车间为生产铝制品 A 领用一批原材料。原始凭证如图 2-39 所示，所需记账凭证如图 2-40 所示。

领 料 单

领料部门：一车间　　　　2023 年 12 月 11 日　　　　NO.0000068

材料名称	规格	单位	请领数量	实发数量	单价/元	金额/元
铝棒		吨	53	53	12 300.00	651 900.00
铝锭		吨	45	45	12 500.00	562 500.00
液压油	#3	升	500	500	500.00	250 000.00
油漆	红色	升	1 500	1 500	30.00	45 000.00
合计						1 509 400.00

部门主管：郑亚权　　仓库主管：刘东　　领料人：王红　　仓管员：周仁

图 2-39　领料单（铝制品 A）示意图

转 账 凭 证

年　　月　　日　　　　　　　　　　　　______字第______号

摘　要	会　计　科　目		✓	借方金额										✓	贷方金额									
	总账科目	明细科目		千	百	十	万	千	百	十	元	角	分		千	百	十	万	千	百	十	元	角	分
合　计						¥											¥							

附单据　张

财务主管:　　　记账:　　　复核:　　　制单:

图 2-40　空白转账凭证示意图

（13）业务 13：11 日，二车间为生产铝制品 B 领用一批原材料。原始凭证如图 2-41 所示，所需记账凭证如图 2-42 所示。

领 料 单

领料部门：二车间　　　　2023 年 12 月 11 日　　　　NO.0000069

材料名称	规格	单位	请领数量	实发数量	单价/元	金额/元
铝棒		吨	40	40	12 300.00	492 000.00
液压油	#3	升	500	500	500.00	250 000.00
油漆	红色	升	700	700	30.00	21 000.00
合计						763 000.00

部门主管：吴波　　仓库主管：刘东　　领料人：李杨　　仓管员：周仁

图 2-41　领料单（铝制品 B）示意图

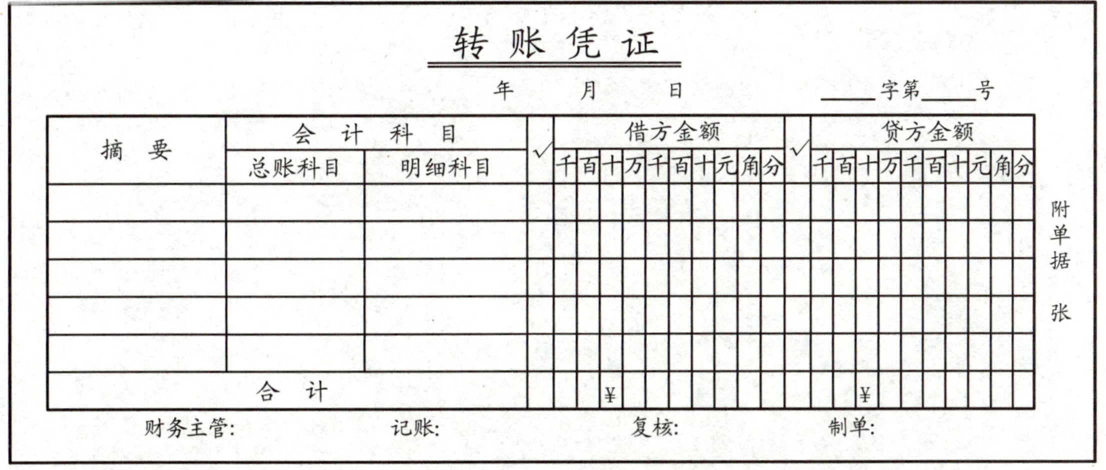

转 账 凭 证

年　月　日　　　　＿＿字第＿＿号

摘　要	会计科目		✓	借方金额	✓	贷方金额
	总账科目	明细科目		千百十万千百十元角分		千百十万千百十元角分
合　计				¥		¥

附单据　张

财务主管：　　记账：　　复核：　　制单：

图 2-42　空白转账凭证示意图

（14）业务 14：13 日，以银行存款支付前欠桂湖公司的货款。原始凭证如图 2-43 所示，所需记账凭证如图 2-44 所示。

中国银行
转账支票存根
10401120
06817702

附加信息

出票日期　年　月　日

收款人：
金额：
用途：

单位主管　会计

中国银行 BANK OF CHINA　转账支票　10401120 06817702

出票日期（大写）：　年　月　日　付款行名称：
收款人：　出票人账号：

本支票付款期限十天

人民币（大写）	亿	千	百	十	万	千	百	十	元	角	分

用途

密码

上述款项请从
我账户内支付

出票人签章　复核　记账

图 2-43　空白转账支票示意图

付款凭证

贷方科目：　年　月　日　字第　号

摘要	借方科目		✓	金额									
	总账科目	明细科目		千	百	十	万	千	百	十	元	角	分
合计						¥							

附单据　张

财务主管：　记账：　出纳：　复核：　制单：

图 2-44　空白付款凭证示意图

（15）业务 15：15 日，以银行存款支付 11 月份的员工工资，并代扣代缴个人应负担的社会保险费、住房公积金及个人应缴纳的个人所得税。原始凭证如表 2-2、表 2-3、图 2-45、图 2-46 和图 2-47 所示，所需记账凭证如图 2-48 至图 2-50 所示。

表 2-2　2023 年 11 月工资计算表

单位：北京宏达金属工业有限公司　　日期：2023 年 11 月 30 日　　金额单位：元

人员姓名	部门	人员类别	基本工资	岗位津贴	奖金	应付合计	养老保险（8%）	医疗保险（2%）	失业保险（1%）	住房公积金（12%）	代扣个人所得税	扣款合计	实发合计
郑学义	总经理办公室	管理人员	10 000.00	1 000.00	500.00	11 500.00	800.00	200.00	100.00	1 200.00	96.00	2 396.00	9 104.00
李霞	财务部	管理人员	10 000.00	1 000.00	500.00	11 500.00	800.00	200.00	100.00	1 200.00	96.00	2 396.00	9 104.00
王洋	财务部	普通人员	7 000.00	500.00	300.00	7 800.00	560.00	140.00	70.00	840.00	5.70	1 615.70	6 184.30
李英	财务部	普通人员	7 000.00	500.00	300.00	7 800.00	560.00	140.00	70.00	840.00	5.70	1 615.70	6 184.30
田平	财务部	普通人员	7 000.00	500.00	300.00	7 800.00	560.00	140.00	70.00	840.00	5.70	1 615.70	6 184.30
王冠	人事部	管理人员	10 000.00	1 000.00	500.00	11 500.00	800.00	200.00	100.00	1 200.00	96.00	2 396.00	9 104.00
张利	人事部	普通人员	7 000.00	500.00	300.00	7 800.00	560.00	140.00	70.00	840.00	5.70	1 615.70	6 184.30
程杰	销售部	管理人员	10 000.00	1 000.00	500.00	11 500.00	800.00	200.00	100.00	1 200.00	96.00	2 396.00	9 104.00
刘晓霞	销售部	普通人员	7 000.00	500.00	5 000.00	12 500.00	560.00	140.00	70.00	840.00	489.00	2 099.00	10 401.00
周勇	销售部	普通人员	7 000.00	500.00	5 000.00	12 500.00	560.00	140.00	70.00	840.00	489.00	2 099.00	10 401.00
张明	采购部	管理人员	10 000.00	1 000.00	500.00	11 500.00	800.00	200.00	100.00	1 200.00	96.00	2 396.00	9 104.00
刘华	采购部	普通人员	7 000.00	500.00	300.00	7 800.00	560.00	140.00	70.00	840.00	5.70	1 615.70	6 184.30
谢宏	采购部	普通人员	7 000.00	500.00	300.00	7 800.00	560.00	140.00	70.00	840.00	5.70	1 615.70	6 184.30
刘东	仓储部	管理人员	10 000.00	1 000.00	500.00	11 500.00	800.00	200.00	100.00	1 200.00	96.00	2 396.00	9 104.00
周仁	材料库	普通人员	7 000.00	500.00	300.00	7 800.00	560.00	140.00	70.00	840.00	5.70	1 615.70	6 184.30
李好	成品库	普通人员	7 000.00	500.00	300.00	7 800.00	560.00	140.00	70.00	840.00	5.70	1 615.70	6 184.30
陈铭	生产部	管理人员	10 000.00	1 000.00	500.00	11 500.00	800.00	200.00	100.00	1 200.00	96.00	2 396.00	9 104.00
张平	生产部	普通人员	7 000.00	500.00	300.00	7 800.00	560.00	140.00	70.00	840.00	5.70	1 615.70	6 184.30
郑亚权	一车间	管理人员	10 000.00	1 000.00	500.00	11 500.00	800.00	200.00	100.00	1 200.00	96.00	2 396.00	9 104.00
王红	一车间	生产人员	8 000.00	600.00	400.00	9 000.00	640.00	160.00	80.00	960.00	34.80	1 874.80	7 125.20
吴波	二车间	管理人员	10 000.00	1 000.00	500.00	11 500.00	800.00	200.00	100.00	1 200.00	96.00	2 396.00	9 104.00
李杨	二车间	生产人员	8 000.00	600.00	400.00	9 000.00	640.00	160.00	80.00	960.00	34.80	1 874.80	7 125.20
合计			183 000.00	15 700.00	18 000.00	216 700.00	14 640.00	3 660.00	1 830.00	21 960.00	1 962.90	44 052.90	172 647.10

注：扣款合计=请假扣款+养老保险+医疗保险+失业保险+住房公积金+代扣个人所得税

会计主管：李霞　　复核：李英　　制表：王洋

表 2-3 工资结算汇总表

单位：北京宏达金属工业有限公司 日期：2023 年 11 月 30 日 金额单位：元

部门	应付合计	社会保险费		住房公积金		实发合计	对应科目
		单位负担（包括生育保险）	个人负担	单位负担	个人负担		
总经理办公室	11 500.00	2 700.00	1 100.00	1 200.00	1 200.00	9 104.00	管理费用
财务部	34 900.00	8 370.00	3 410.00	3 720.00	3 720.00	27 656.90	
人事部	19 300.00	4 590.00	1 870.00	2 040.00	2 040.00	15 288.30	
销售部	36 500.00	6 480.00	2 640.00	2 880.00	2 880.00	29 906.00	销售费用
采购部	27 100.00	6 480.00	2 640.00	2 880.00	2 880.00	21 472.60	管理费用
生产部	19 300.00	4 590.00	1 870.00	2 040.00	2 040.00	15 288.30	
仓储部	27 100.00	6 480.00	2 640.00	2 880.00	2 880.00	21 472.60	
一车间	11 500.00	2 700.00	1 100.00	1 200.00	1 200.00	9 104.00	制造费用
	9 000.00	2 160.00	880.00	960.00	960.00	7 125.20	生产成本
二车间	11 500.00	2 700.00	1 100.00	1 200.00	1 200.00	9 104.00	制造费用
	9 000.00	2 160.00	880.00	960.00	960.00	7 125.20	生产成本
总计	216 700.00	49 410.00	20 130.00	21 960.00	21 960.00	172 647.10	

会计主管：李霞 复核：李英 制表：王洋

中国银行
转账支票存根
10401120
06817703

附加信息

出票日期 年 月 日

收款人：
金额：
用途：

单位主管 会计

中国银行 BANK OF CHINA 转账支票 10401120 06817703

出票日期（大写）： 年 月 日 付款行名称：
收款人： 出票人账号：

本支票付款期限十天

人民币（大写）	亿	千	百	十	万	千	百	十	元	角	分

用途

密码

上述款项请从
我账户内支付

出票人签章 复核 记账

图 2-45 空白转账支票示意图

中国银行
转账支票存根
10401120
06817704

附加信息

出票日期　年　月　日

收款人:
金额:
用途:

单位主管　会计

中国银行 BANK OF CHINA　转账支票　10401120　06817704

本支票付款期限十天

出票日期（大写）:　年　月　日　付款行名称:
收款人:　出票人账号:

人民币（大写）	亿	千	百	十	万	千	百	十	元	角	分

用途

上述款项请从
我账户内支付

密码

出票人签章　复核　记账

图 2-46　空白转账支票示意图

中国银行
转账支票存根
10401120
06817705

附加信息

出票日期　年　月　日

收款人:
金额:
用途:

单位主管　会计

中国银行 BANK OF CHINA　转账支票　10401120　06817705

本支票付款期限十天

出票日期（大写）:　年　月　日　付款行名称:
收款人:　出票人账号:

人民币（大写）	亿	千	百	十	万	千	百	十	元	角	分

用途

上述款项请从
我账户内支付

密码

出票人签章　复核　记账

图 2-47　空白转账支票示意图

付　款　凭　证

贷方科目:　年　月　日　字第　号

摘　要	借方科目		✓	金额									
	总账科目	明细科目		千	百	十	万	千	百	十	元	角	分
合　计						¥							

附单据　张

财务主管:　记账:　出纳:　复核:　制单:

图 2-48　空白付款凭证示意图

转 账 凭 证

年　　月　　日　　　　　　　　　　＿＿＿字第＿＿＿号

摘　要	会　计　科　目		✓	借方金额										✓	贷方金额									
	总账科目	明细科目		千	百	十	万	千	百	十	元	角	分		千	百	十	万	千	百	十	元	角	分
合　计						¥											¥							

附单据　张

财务主管:　　　　记账:　　　　复核:　　　　制单:

图 2-49　空白转账凭证示意图

付 款 凭 证

贷方科目:＿＿＿＿＿＿　　　　年　　月　　日　　　　＿＿＿字第＿＿＿号

摘　要	借　方　科　目		✓	金　额									
	总账科目	明细科目		千	百	十	万	千	百	十	元	角	分
合　计						¥							

附单据　张

财务主管:　　　　记账:　　　　出纳:　　　　复核:　　　　制单:

图 2-50　空白付款凭证示意图

（16）业务 16：15 日，以银行存款支付 11 月份企业应负担的社会保险费和住房公积金。原始凭证如表 2-3、图 2-51 和图 2-52 所示，所需记账凭证如图 2-53 所示。

中国银行
转账支票存根
10401120
06817706

附加信息

出票日期　年　月　日

收款人：
金额：
用途：

单位主管　　会计

中国银行 BANK OF CHINA　　转账支票　　10401120 06817706

本支票付款期限十天

出票日期（大写）：　　年　　月　　日　　付款行名称：
收款人：　　出票人账号：

人民币（大写）　亿 千 百 十 万 千 百 十 元 角 分

用途

密码

上述款项请从
我账户内支付

出票人签章　　复核　　记账

图 2-51　空白转账支票示意图

中国银行
转账支票存根
10401120
06817707

附加信息

出票日期　年　月　日

收款人：
金额：
用途：

单位主管　　会计

中国银行 BANK OF CHINA　　转账支票　　10401120 06817707

本支票付款期限十天

出票日期（大写）：　　年　　月　　日　　付款行名称：
收款人：　　出票人账号：

人民币（大写）　亿 千 百 十 万 千 百 十 元 角 分

用途

密码

上述款项请从
我账户内支付

出票人签章　　复核　　记账

图 2-52　空白转账支票示意图

付 款 凭 证

贷方科目：　　　　年　　月　　日　　　　字第　　号

摘　要	借方科目		✓	金额									
	总账科目	明细科目		千	百	十	万	千	百	十	元	角	分
合　计						¥							

附单据　张

财务主管：　　记账：　　出纳：　　复核：　　制单：

图 2-53　空白付款凭证示意图

（17）业务 17：15 日，以银行存款支付 11 月份的应交税费（当月产生的进项税额，当月认证，次月抵扣）。原始凭证如图 2-54 所示，所需记账凭证如图 2-55 所示。

中国银行
转账支票存根
10401120
06817708

附加信息

出票日期　年　月　日

收款人：
金额：
用途：

单位主管　　会计

中国银行 BANK OF CHINA　　转账支票　　10401120 06817708

本支票付款期限十天

出票日期（大写）：　年　月　日　　付款行名称：
收款人：　　出票人账号：

人民币（大写）	亿	千	百	十	万	千	百	十	元	角	分

用途

密码

上述款项请从
我账户内支付

出票人签章　　复核　　记账

图 2-54　空白转账支票示意图

付 款 凭 证

贷方科目：　　年　月　日　　字第　号

摘　要	借方科目		√	金额									
	总账科目	明细科目		千	百	十	万	千	百	十	元	角	分
合　计						¥							

附单据　张

财务主管：　记账：　出纳：　复核：　制单：

图 2-55　空白付款凭证示意图

（18）业务 18：21 日，以银行存款支付公益捐赠款。原始凭证如图 2-56 和图 2-57 所示，所需记账凭证如图 2-58 所示。

中国银行
转账支票存根
10401120
06817709

附加信息

出票日期　年　月　日

收款人：
金额：
用途：

单位主管　　会计

中国银行 BANK OF CHINA　　转账支票　　10401120　06817709

本支票付款期限十天

出票日期（大写）：　年　月　日　　付款行名称：
收款人：　　出票人账号：

人民币（大写）	亿	千	百	十	万	千	百	十	元	角	分

用途

密码

上述款项请从
我账户内支付

出票人签章　　复核　　记账

图 2-56　空白转账支票示意图

公益事业捐赠统一票据（电子）

票据号码：00020210　　票据号码：0002096341
交款人统一社会信用代码：910324592136526358　　校验码：aaacd6
交款人：北京宏达金属工业有限公司　　开票日期：2023年12月21日

项目编码	项目名称	单位	数量	标准	金额（元）	备注
991010	捐赠款　小天使基金	元	5 000	5 000.00	5 000.00	
金额合计（大写）伍仟圆整			（小写）5 000.00			
其他信息						

收款单位（章）：中国红十字基金会　　复核人：陈红　　收款人：李莹

图 2-57　捐款取得的电子捐赠票据

付款凭证

贷方科目:＿＿＿＿＿　　　　年　　月　　日　　　　＿＿字第＿＿号

摘要	借方科目		✓	金额									
	总账科目	明细科目		千	百	十	万	千	百	十	元	角	分
合计						¥							

附单据　张

财务主管:　　记账:　　出纳:　　复核:　　制单:

图 2-58　空白付款凭证示意图

（19）业务 19：26 日，收到方乐公司转来的一笔钱款，用于支付前欠货款，款项已存入银行。原始凭证如图 2-59 和图 2-60 所示，所需记账凭证如图 2-61 所示。

中国银行 BANK OF CHINA

银行进账单（收账通知）

2023年 12 月 26 日　　　　No. 12345679

出票人	全称	广东方乐有限公司	收款人	全称	北京宏达金属工业有限公司
	账号	263651935736432		账号	310128636425789
	开户行	中国工商银行珠海××支行		开户行	中国银行北京××支行

金额	人民币（大写）	壹佰伍拾捌万贰仟圆整	亿	千	百	十	万	千	百	十	元	角	分
				¥	1	5	8	2	0	0	0	0	0

票据种类	转账支票	票据张数	1
票据号码	41483789		

复核　　记账

中国银行 北京××支行 2023.12.26 转讫

开户行签章

图 2-59　银行进账单的收账通知联（方乐公司还款）示意图

收款收据

年　　月　　日　　　　NO.407

付款单位或个人：________________

收款事由：________________

人民币（大写）________________　（小写）¥________

备注：________________

收款单位（章）：　　　　出纳：

图 2-60　空白收款收据示意图

收款凭证

借方科目：________　　年　　月　　日　　____字第____号

摘　要	贷方科目		√	金额									
	总账科目	明细科目		千	百	十	万	千	百	十	元	角	分
合　计						¥							

附单据　张

财务主管：　　记账：　　出纳：　　复核：　　制单：

图 2-61　空白收款凭证示意图

（20）业务 20：28 日，以银行存款支付水费。本月用水 1 000 吨，其中一车间生产耗用 600 吨，二车间生产耗用 350 吨，生产部耗用 50 吨。原始凭证如图 2-62 和图 2-63 所示，所需记账凭证如图 2-64 所示。

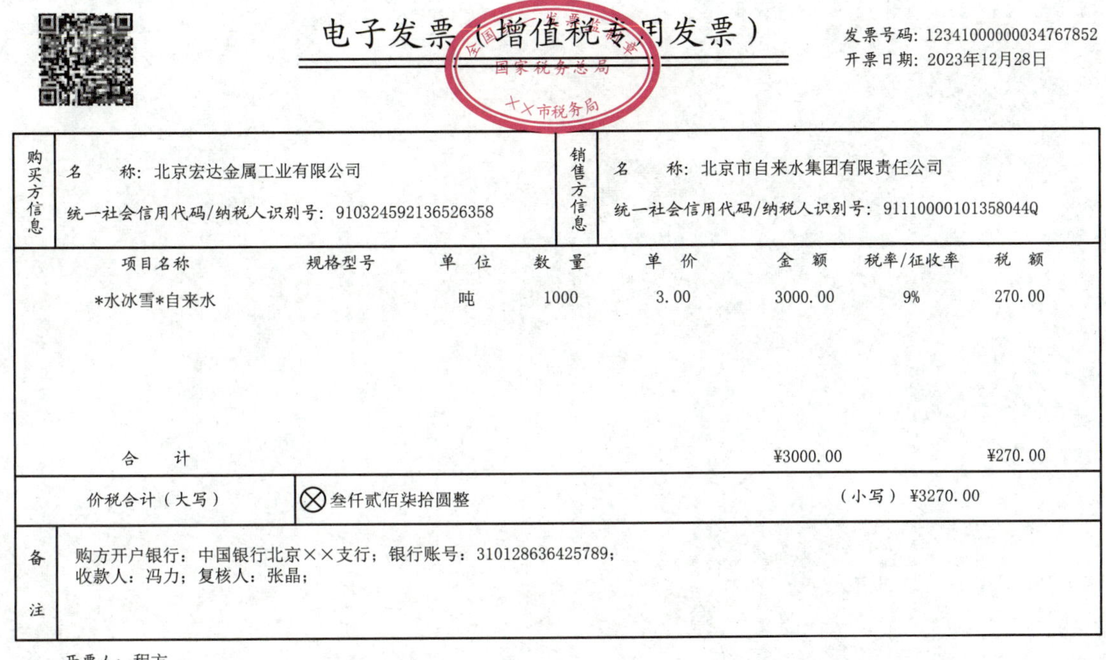

电子发票（增值税专用发票）

发票号码：12341000000034767852
开票日期：2023年12月28日

购买方信息	名　称：北京宏达金属工业有限公司 统一社会信用代码/纳税人识别号：910324592136526358	销售方信息	名　称：北京市自来水集团有限责任公司 统一社会信用代码/纳税人识别号：91110000101358044Q

项目名称	规格型号	单位	数量	单价	金额	税率/征收率	税额
*水冰雪*自来水		吨	1000	3.00	3000.00	9%	270.00
合　计					¥3000.00		¥270.00
价税合计（大写）	⊗叁仟贰佰柒拾圆整				（小写）¥3270.00		

备注：购方开户银行：中国银行北京××支行；银行账号：310128636425789；
收款人：冯力；复核人：张晶；

开票人：程方

图 2-62　支付水费取得的电子发票（增值税专用发票）示意图

中国银行 转账支票存根 10401120 06817710 附加信息 出票日期　年　月　日 收款人： 金额： 用途： 单位主管　　会计	中国银行 BANK OF CHINA　　转账支票　　10401120 06817710 出票日期（大写）：　年　月　日　　付款行名称： 收款人：　　出票人账号： 本支票付款期限十天 人民币（大写）　　亿 千 百 十 万 千 百 十 元 角 分 用途 上述款项请从我账户内支付　　密码 出票人签章　　复核　　记账

图 2-63　空白转账支票示意图

付款凭证

贷方科目:________　　　　年　　月　　日　　　　____字第____号

<table>
<tr><td rowspan="2">摘要</td><td colspan="2">借方科目</td><td rowspan="2">✓</td><td colspan="10">金额</td></tr>
<tr><td>总账科目</td><td>明细科目</td><td>千</td><td>百</td><td>十</td><td>万</td><td>千</td><td>百</td><td>十</td><td>元</td><td>角</td><td>分</td></tr>
<tr><td></td><td></td><td></td><td></td><td></td><td></td><td></td><td></td><td></td><td></td><td></td><td></td><td></td><td></td></tr>
<tr><td></td><td></td><td></td><td></td><td></td><td></td><td></td><td></td><td></td><td></td><td></td><td></td><td></td><td></td></tr>
<tr><td></td><td></td><td></td><td></td><td></td><td></td><td></td><td></td><td></td><td></td><td></td><td></td><td></td><td></td></tr>
<tr><td></td><td></td><td></td><td></td><td></td><td></td><td></td><td></td><td></td><td></td><td></td><td></td><td></td><td></td></tr>
<tr><td></td><td></td><td></td><td></td><td></td><td></td><td></td><td></td><td></td><td></td><td></td><td></td><td></td><td></td></tr>
<tr><td colspan="3">合　计</td><td></td><td></td><td></td><td>¥</td><td></td><td></td><td></td><td></td><td></td><td></td><td></td></tr>
</table>

附单据　张

财务主管:　　记账:　　出纳:　　复核:　　制单:

图 2-64　空白付款凭证示意图

（21）业务 21：28 日，以银行存款支付电费。本月用电 15 000 千瓦时，其中一车间生产耗用 8 000 千瓦时，二车间生产耗用 6 500 千瓦时，生产部耗用 500 千瓦时。原始凭证如图 2-65 和图 2-66 所示，所需记账凭证如图 2-67 所示。

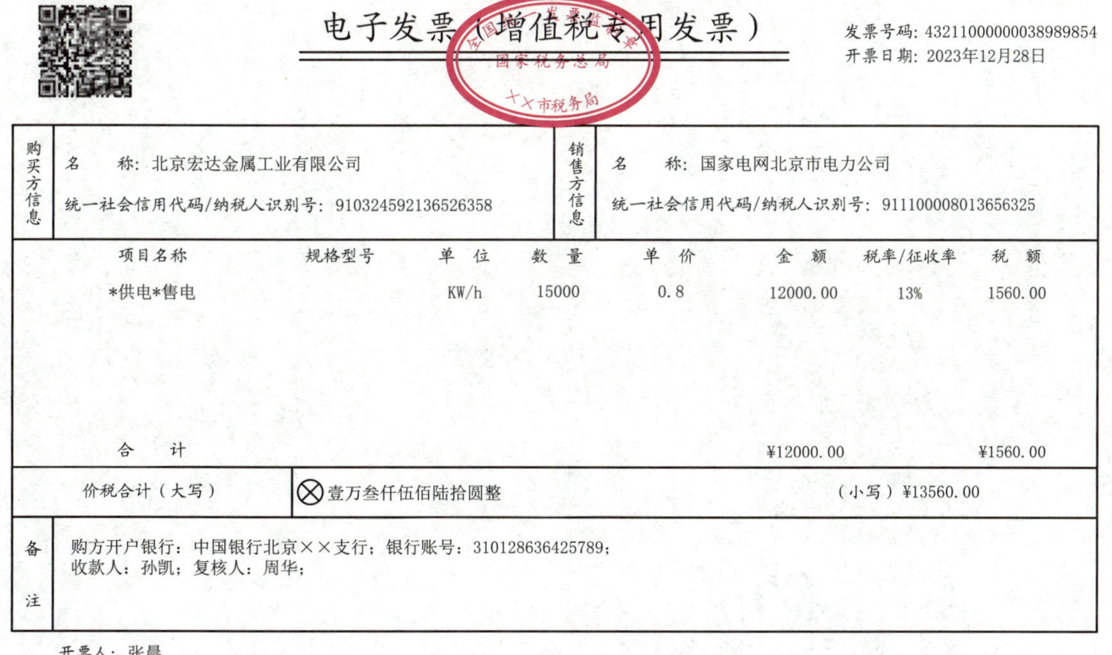

电子发票（增值税专用发票）

发票号码：43211000000038989854
开票日期：2023年12月28日

购买方信息	名　称：北京宏达金属工业有限公司 统一社会信用代码/纳税人识别号：910324592136526358	销售方信息	名　称：国家电网北京市电力公司 统一社会信用代码/纳税人识别号：911100008013656325

项目名称	规格型号	单位	数量	单价	金额	税率/征收率	税额
*供电*售电		KW/h	15000	0.8	12000.00	13%	1560.00
合　计					¥12000.00		¥1560.00

价税合计（大写）	⊗壹万叁仟伍佰陆拾圆整	（小写）¥13560.00

备注	购方开户银行：中国银行北京××支行；银行账号：310128636425789； 收款人：孙凯；复核人：周华；

开票人：张晨

图 2-65　支付电费取得的电子发票（增值税专用发票）示意图

中国银行
转账支票存根
10401120
06817711

附加信息

出票日期　年　月　日

收款人：
金额：
用途：

单位主管　会计

中国银行 BANK OF CHINA　转账支票　10401120　06817711

本支票付款期限十天

出票日期（大写）：　年　月　日　付款行名称：
收款人：　出票人账号：

人民币（大写）	亿	千	百	十	万	千	百	十	元	角	分

用途

密码

上述款项请从
我账户内支付

出票人签章　复核　记账

图 2-66　空白转账支票示意图

付款凭证

贷方科目：　年　月　日　字第　号

摘要	借方科目		√	金额									
	总账科目	明细科目		千	百	十	万	千	百	十	元	角	分
合计						¥							

附单据　张

财务主管：　记账：　出纳：　复核：　制单：

图 2-67　空白付款凭证示意图

（22）业务22：30日，以银行存款支付本月短期借款的利息。2023年6月1日借入1年期短期借款500 000.00元，年利率为6%。原始凭证如表2-4所示，所需记账凭证如图2-68所示。

表2-4　短期借款利息计算表

日期：　年　月　日　　　　金额单位：

借款日期	本金	年利率	月利率	月利息
合计				

会计主管：　　　　复核：　　　　制表：

付款凭证

贷方科目：＿＿＿＿　　　年　月　日　　　＿＿字第＿＿号

摘要	借方科目		✓	金额									
	总账科目	明细科目		千	百	十	万	千	百	十	元	角	分
合计						¥							

附单据　张

财务主管：　记账：　出纳：　复核：　制单：

图2-68　空白付款凭证示意图

（二）智能化操作所需资料和用具

智能化操作需要使用用友 U8 进行操作，需要用到的资料为上述北京宏达 2023 年 12 月的经济业务资料。

实训步骤 »

一、手工操作步骤

按照科目汇总表账务处理程序，处理北京宏达 2023 年 12 月发生的经济业务，具体操作步骤如下。

（1）根据企业发生的经济业务，填制和审核所附的原始凭证（部分经济业务的原始凭证需要自己填制），并将原始凭证裁剪下来。

（2）根据审核无误的原始凭证填制和审核所附的记账凭证，并将裁剪下来的原始凭证附在相应的记账凭证后。

（3）根据审核无误的记账凭证随时登记库存现金日记账和银行存款日记账。

（4）根据审核无误的记账凭证登记各类明细账，并编制科目汇总表（一）（见表 2-5）。

表 2-5　科目汇总表（一）

单位：　　　　日期：2023 年 12 月 1 日至 2023 年 12 月 15 日　　　　科汇字第 23 号

会计科目	本期借方发生额/元	本期贷方发生额/元	记账凭证起讫号数
库存现金			
银行存款			
应收票据			
应收账款			
预付账款			
其他应收款			
坏账准备			
在途物资			
原材料			
库存商品			
固定资产			
累计折旧			
短期借款			
应付账款			
预收账款			

（续表）

会计科目	本期借方发生额/元	本期贷方发生额/元	记账凭证起讫号数
其他应付款			
应付职工薪酬			
应交税费			
应付利息			
生产成本			
制造费用			
主营业务收入			
主营业务成本			
税金及附加			
管理费用			
财务费用			
销售费用			
营业外支出			
信用减值损失			
所得税费用			
实收资本			
盈余公积			
本年利润			
利润分配			
合计			

二、智能化操作步骤

根据北京宏达 2023 年 12 月发生的经济业务，登录用友 U8 的企业应用平台进行账务处理，具体操作步骤如下。

（一）收款和付款类业务

收款和付款类业务的账务处理流程如图 2-69 所示。

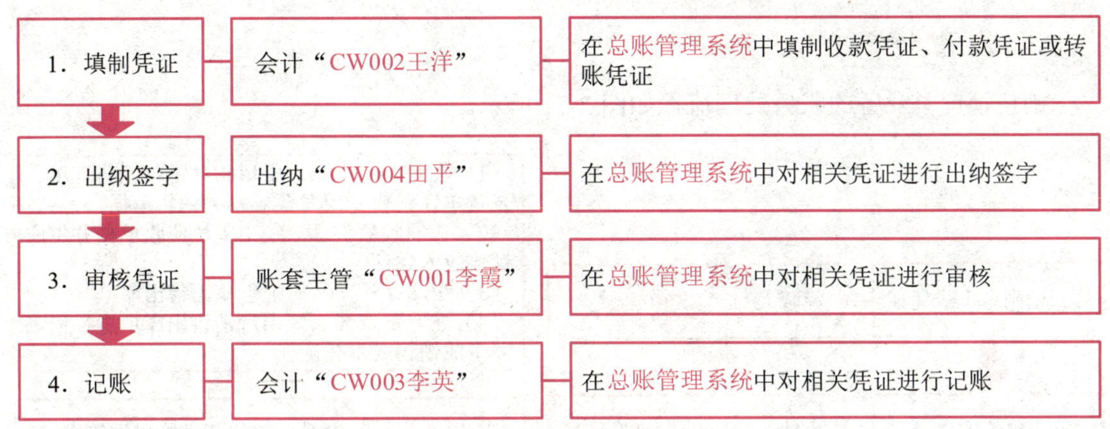

图 2-69　收款和付款类业务的账务处理流程

（二）采购管理类业务

采购管理类业务的账务处理流程如图 2-70 所示。

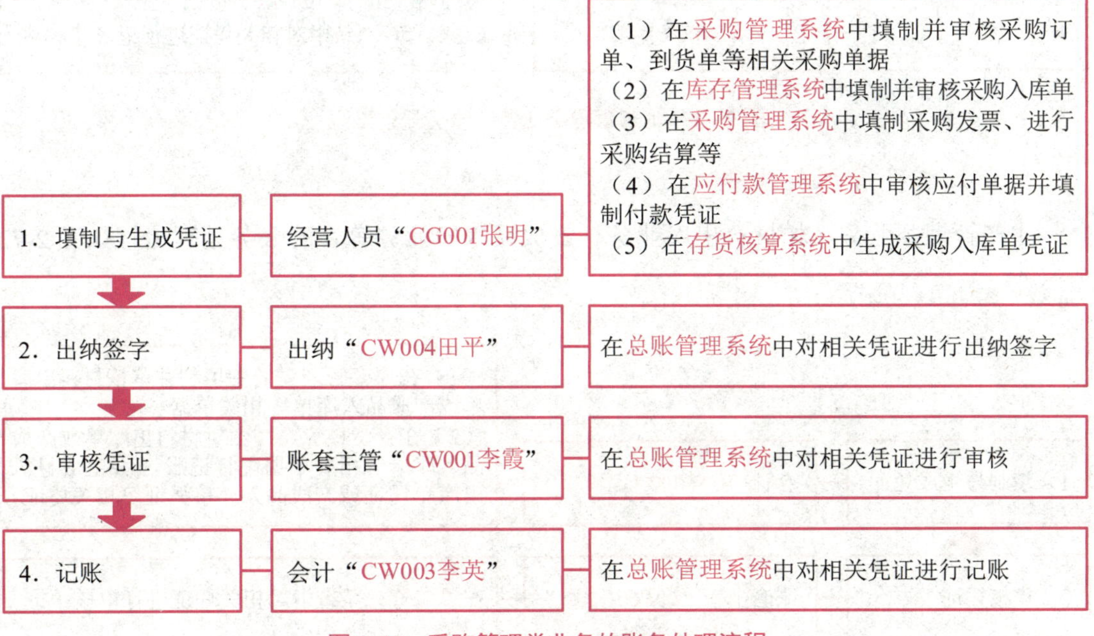

图 2-70　采购管理类业务的账务处理流程

（三）销售管理类业务

销售管理类业务的账务处理流程如图 2-71 所示。

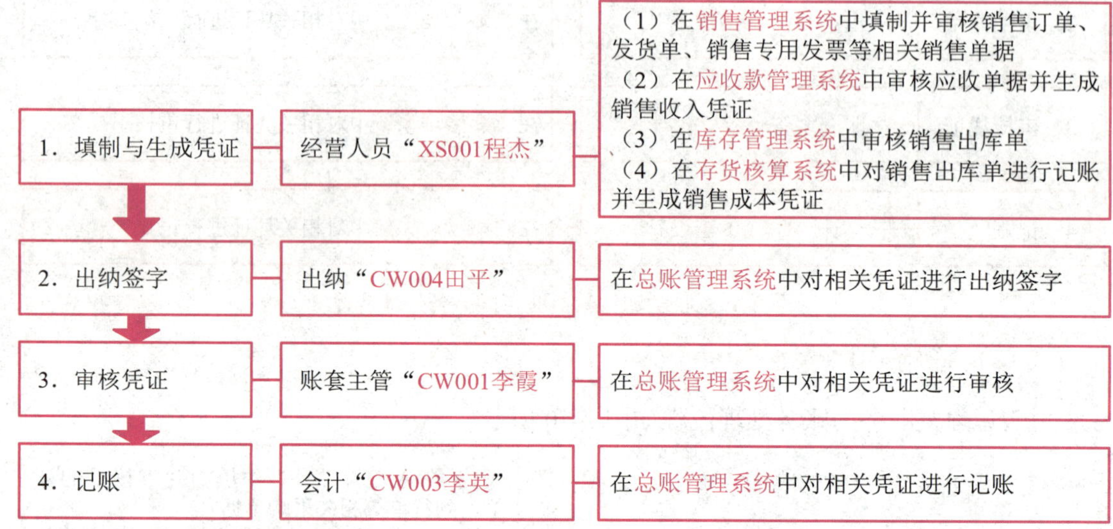

图 2-71　销售管理类业务的账务处理流程

（四）生产管理类业务

生产管理类业务（如材料出库业务、产成品入库业务等）的账务处理流程如图 2-72 所示。

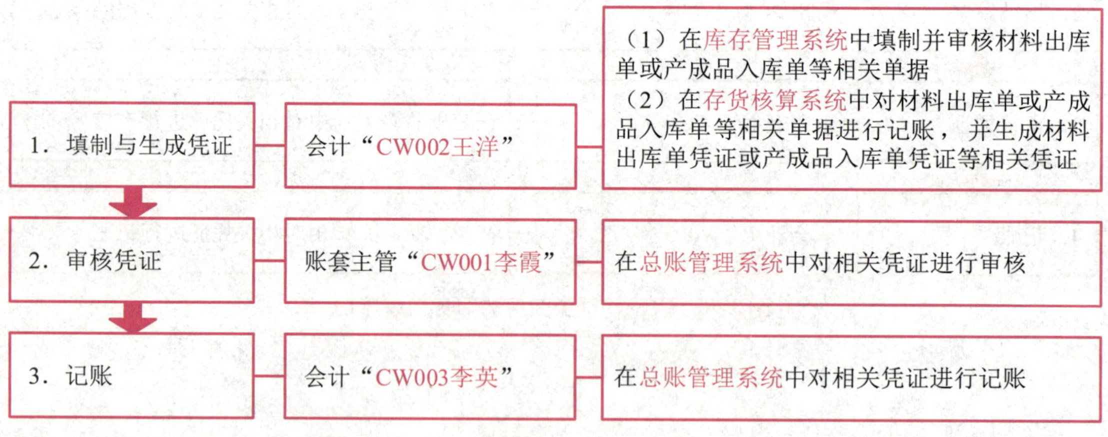

图 2-72　生产管理类业务的账务处理流程

（五）固定资产管理类业务

固定资产管理类业务（如新增固定资产、计提固定资产折旧等）的账务处理流程如图 2-73 所示。

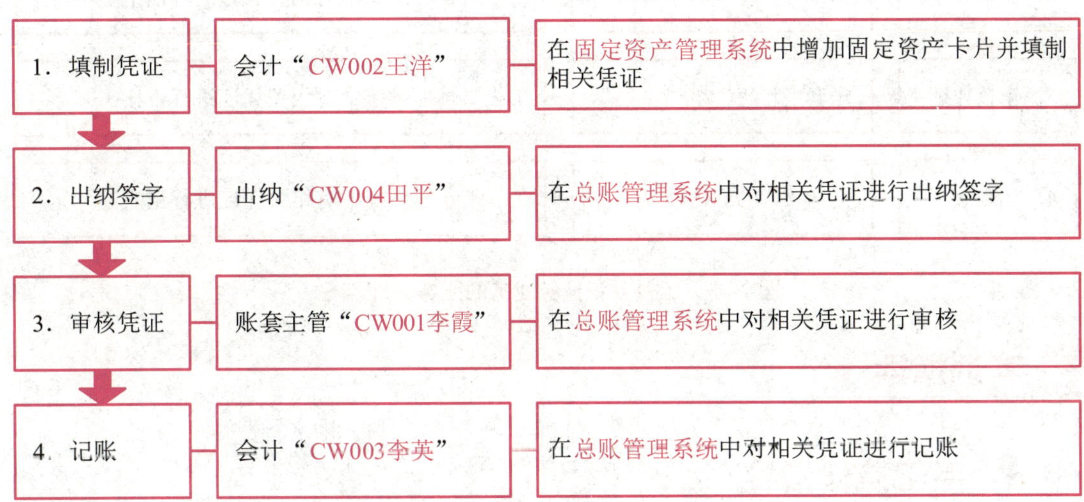

图 2-73　固定资产管理类业务的账务处理流程

（六）应收款管理类业务

应收款管理类业务（如收回欠款、计提坏账准备等）的账务处理流程如图 2-74 所示。

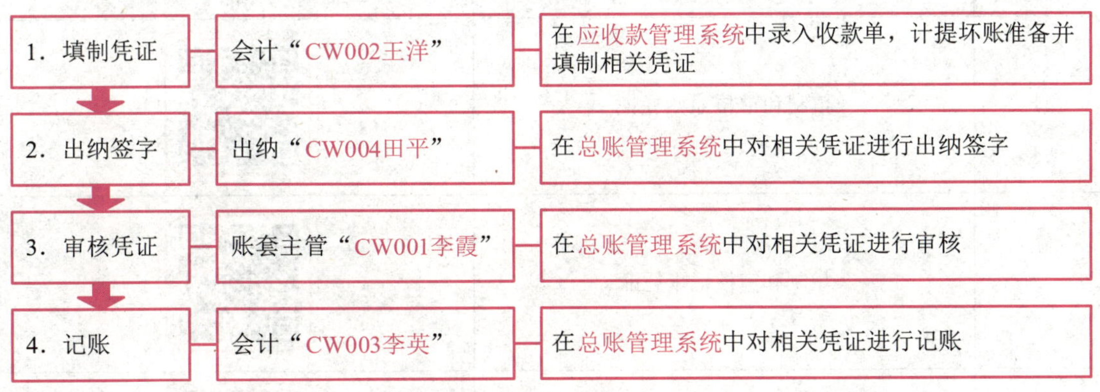

图 2-74　应收款管理类业务的账务处理流程

（七）应付款管理类业务

应付款管理类业务（如偿还欠款等）的账务处理流程如图 2-75 所示。

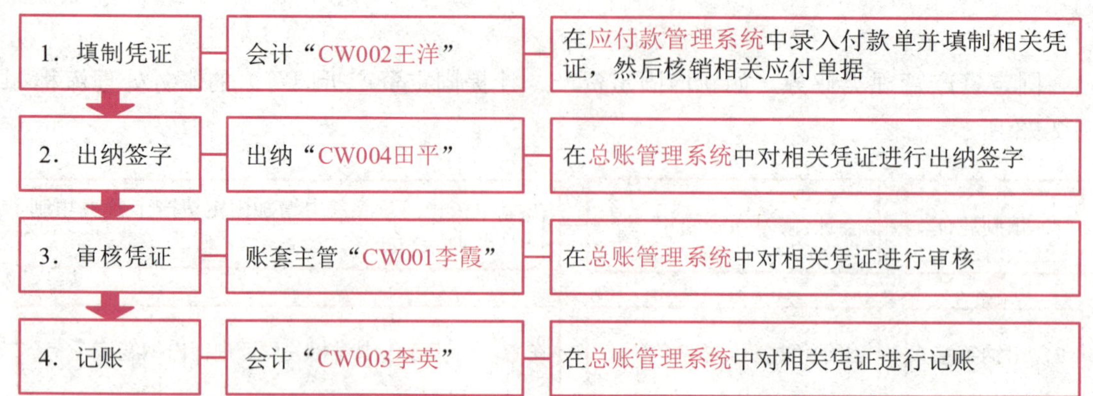

图 2-75　应付款管理类业务的账务处理流程

实训指导 »

一、手工操作指导

手工操作指导如表 2-6 所示。

表 2-6　手工操作指导

序号	项目	二维码
1	填制和审核原始凭证	
2	填制和审核记账凭证	
3	登记日记账	
4	登记明细账	

（续表）

序号	项目	二维码
5	编制科目汇总表（一）	

二、智能化操作指导

智能化操作指导如表 2-7 所示。

表 2-7　智能化操作指导

序号	项目	二维码
1	处理收款类业务	
2	处理付款类业务	
3	处理采购管理类业务	
4	处理销售管理类业务	
5	处理生产管理类业务	

（续表）

序号	项目	二维码
6	处理固定资产管理类业务	
7	处理应收款管理类业务	
8	处理应付款管理类业务	

实训评价

各组派 1 名小组代表展示实训结果，并配合指导教师完成实训评价表（见表 2-8）。

表 2-8　实训评价表

考核项目	评价内容	分值	评价分数		
			自评	互评	师评
个人素养考核（20 分）	日常考勤与仪容仪表	5			
	责任意识与学习态度	5			
	团队意识与合作精神	10			
专业能力考核（80 分）	实训准备过程记录及讨论的完成度	10			
	实训过程的完成度	30			
	实训结果的完整性与准确度	40			
合计：自评分数（15%）_____+互评分数（15%）_____+师评分数（70%）_____=综合分数_____		100			
综合评价					
考评日期：		指导教师（签名）：			

智能会计实训三

处理期末会计事项

知识目标

- 熟悉期末会计事项的处理流程。
- 掌握登记总账的方法。
- 掌握对账和结账的方法。

技能目标

- 能够完成期末会计事项的账务处理工作。
- 能够正确、规范地登记总账。
- 能够正确地对账和结账。
- 能够使用会计信息系统处理期末会计事项。

素养目标

- 弘扬爱岗敬业、踏实肯干的工作作风。
- 培养认真细致、严谨求实的工作态度。

实训引入 »

2023 年 12 月 31 日，财务部需要处理各个期末会计事项，如结转期间损益、分配本年利润、进行纳税申报、进行对账和结账等。财务部主管李霞要求本部门人员严格按照会计核算的基本要求和会计基础工作规范的有关规定，正确、规范地处理各项期末业务，并做好对账和结账工作，为编制年度财务报表打好基础。

实训分组 »

一、任务描述

根据北京宏达 2023 年 12 月的各项经济业务数据，处理期末会计事项，登记总账，对账，结账。

二、任务分工

全班学生以 4～6 人为一组进行分组，每组设 1 名组长。小组成员共同讨论任务分工并将分工情况填到表 3-1 中。

表 3-1　小组成员及分工情况

小组成员	姓名	学号	任务分工
组长			
组员			

实训准备 »

一、知识准备

在实训开始前，请各组思考以下问题，并进行讨论和分析。

（1）登记总账的方法有哪些？

智能会计实训三
知识准备

（2）对账的内容有哪些？

（3）结账的程序和方法分别是什么？

二、资料和用具准备

（一）手工操作所需资料和用具

手工操作需要用到北京宏达 2023 年 12 月的经济业务资料（见实训二）；所需用具除各种账页（见实训一的表 1-7）之外，还有付款凭证和转账凭证。

2023 年 12 月 31 日，北京宏达需要处理以下期末业务。

（1）业务 23：计提本月员工工资。其中，专项附加扣除为 1 000 元/人。本月的员工考勤表如表 3-2 所示，原始凭证如表 3-3 和表 3-4 所示，所需记账凭证如图 3-1 所示。

表 3-2　2023 年 12 月员工考勤表

单位：北京宏达金属工业有限公司　　日期：2023 年 12 月 31 日

人员姓名	部门	人员类别	加班天数/日	请假类型	请假天数/日
郑学义	总经理办公室	管理人员	0		0
李霞	财务部	管理人员	2		0
王洋	财务部	普通人员	2		0
李英	财务部	普通人员	2		0
田平	财务部	普通人员	2		0
王冠	人事部	管理人员	2	事假	2
张利	人事部	普通人员	2		0
程杰	销售部	管理人员	0		0
刘晓霞	销售部	普通人员	0	事假	1
周勇	销售部	普通人员	0		0
张明	采购部	管理人员	0		0
刘华	采购部	普通人员	0		0
谢宏	采购部	普通人员	0	病假	1
刘东	仓储部	管理人员	0		0
周仁	材料库	普通人员	0		0
李好	成品库	普通人员	0		0
陈铭	生产部	管理人员	0	事假	1
张平	生产部	普通人员	0		0
郑亚权	一车间	管理人员	3		0
王红	一车间	生产人员	3		0
吴波	二车间	管理人员	3	事假	2
李杨	二车间	生产人员	3		0

表 3-3　工资计算表

单位：　　　　　　　　日期：　年　月　日　　　　　　　　金额单位：

人员姓名	部门	人员类别	基本工资	岗位津贴	加班费	奖金	病假扣款	事假扣款	请假扣款	应付合计	养老保险（3%）	医疗保险（2%）	失业保险（1%）	住房公积金（12%）	代扣个人所得税	扣款合计	实发合计
郑学义	总经理办公室	管理人员															
李霞	财务部	管理人员															
王洋	财务部	普通人员															
李英	财务部	普通人员															
田平	财务部	普通人员															
王冠	人事部	管理人员															
张利	人事部	普通人员															
程杰	销售部	管理人员															
刘晓霞	销售部	普通人员															
周勇	销售部	普通人员															
张明	采购部	管理人员															
刘华	采购部	普通人员															
谢宏	采购部	普通人员															
刘东	仓储部	管理人员															
周仁	材料库	普通人员															
李好	成品库	普通人员															
陈铭	生产部	管理人员															
张平	生产部	普通人员															
郑亚权	一车间	管理人员															
王红	一车间	生产人员															
吴波	二车间	管理人员															
李杨	二车间	生产人员															
	合计																

注：扣款合计=请假扣款+养老保险+医疗保险+失业保险+住房公积金+代扣个人所得税

会计主管：　　　　　　　　复核：　　　　　　　　制表：

表 3-4　工资结算汇总表

单位：　　　　　　　　　　日期：　　年　　月　　日　　　　　　　　金额单位：

部门	应付合计	社会保险费		住房公积金		应付个人所得税	实发合计	对应科目
		企业负担（包括生育保险）	个人负担	企业负担	个人负担			
总经理办公室								
财务部								
人事部								
销售部								
采购部								
仓储部、材料库、成品库								
生产部								
一车间								
二车间								
总计								

会计主管：　　　　　　　　　　复核：　　　　　　　　　　制表：

转 账 凭 证

年　　月　　日　　　　　　＿＿字第＿＿号

摘　要	会　计　科　目		✓	借方金额										✓	贷方金额									
	总账科目	明细科目		千	百	十	万	千	百	十	元	角	分		千	百	十	万	千	百	十	元	角	分
合　计						¥											¥							

附单据　张

财务主管：　　　　记账：　　　　复核：　　　　制单：

图 3-1　空白转账凭证示意图

（2）业务 24：计提本月企业应负担的社会保险费和住房公积金。原始凭证如表 3-4 所示，所需记账凭证如图 3-2 所示。

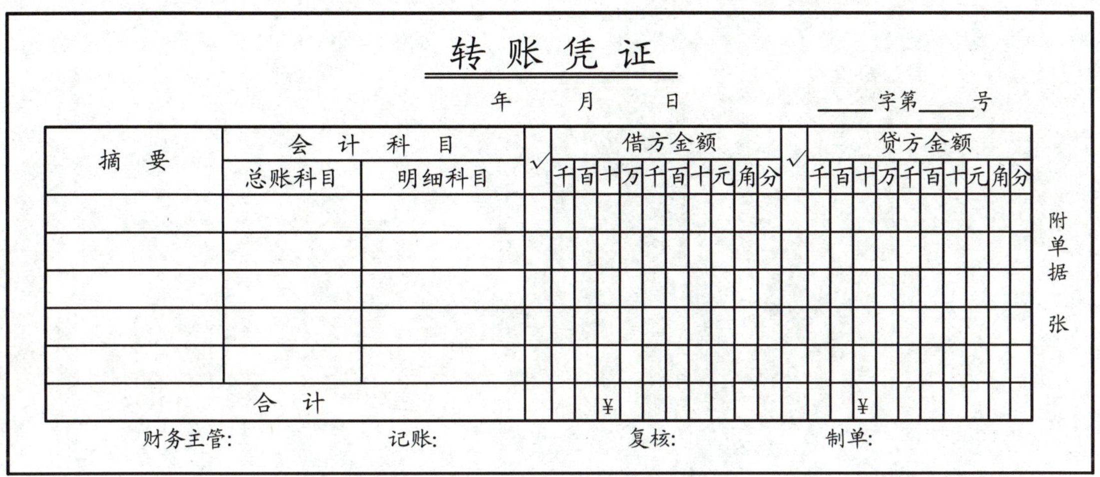

转 账 凭 证

年　月　日　　　　____字第____号

摘　要	会　计　科　目		✓	借方金额	✓	贷方金额
	总账科目	明细科目		千百十万千百十元角分		千百十万千百十元角分
合　计				¥		¥

附单据　张

财务主管:　　记账:　　复核:　　制单:

图 3-2　空白转账凭证示意图

（3）业务 25：计提本月的工会经费和职工教育经费。原始凭证如表 3-5 所示，所需记账凭证如图 3-3 所示。

表 3-5　工会经费和职工教育经费计算表

单位:　　　　日期:　　年　　月　　日　　　　金额单位:

部门	应付合计	工会经费（2%）	职工教育经费（8%）	对应科目
总经理办公室				
财务部				
人事部				
销售部				
采购部				
仓储部、材料库、成品库				
生产部				
一车间				
二车间				
总计				

会计主管:　　　　复核:　　　　制表:

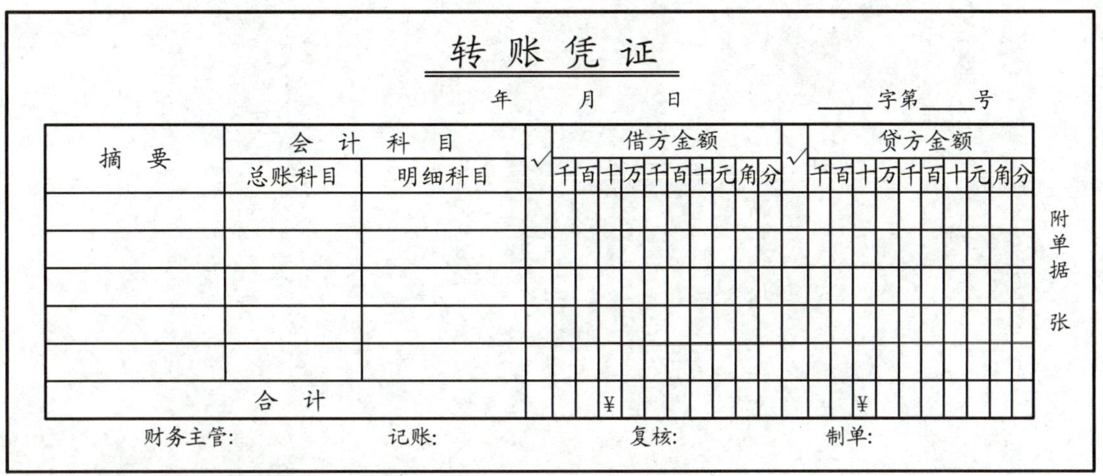

转 账 凭 证

年　　月　　日　　　　　　　　　　＿＿字第＿＿号

摘　要	会　计　科　目		√	借方金额										√	贷方金额									
	总账科目	明细科目		千	百	十	万	千	百	十	元	角	分		千	百	十	万	千	百	十	元	角	分
合　计						¥											¥							

附单据　张

财务主管:　　　　记账:　　　　复核:　　　　制单:

图 3-3　空白转账凭证示意图

（4）业务 26：支付本月的工会经费和职工教育经费。原始凭证如图 3-4 和图 3-5 所示，所需记账凭证如图 3-6 所示。

中国银行
转账支票存根
10401120
06817712

附加信息

出票日期 2023年12月31日

收款人：国家税务总局××市税务局
金额：¥4 436.00
用途：支付工会经费

单位主管 李霞　会计 王洋

图 3-4　支付工会经费转账支票存根示意图

中国银行
转账支票存根
10401120
06817713

附加信息

出票日期 2023年12月31日

收款人：北京宏达金属工业有限公司
金额：¥17 744.00
用途：支付职工教育经费

单位主管 李霞　会计 王洋

图 3-5　支付职工教育经费转账支票存根示意图

付款凭证

贷方科目:________ 年 月 日 ____字第____号

摘要	借方科目		✓	金额									
	总账科目	明细科目		千	百	十	万	千	百	十	元	角	分
合计						¥							

附单据　张

财务主管:　记账:　出纳:　复核:　制单:

图 3-6　空白付款凭证示意图

（5）业务 27：计提固定资产折旧。原始凭证如表 3-6 所示，所需记账凭证如图 3-7 所示。

表 3-6　固定资产折旧计算表

单位:　日期:　年　月　日　金额单位:

类别	固定资产名称	固定资产编号	使用部门	账面原值	本月计提折旧额	对应科目
房屋及建筑物	办公楼	01001	总经理办公室（10%）、财务部（30%）、人事部（15%）、采购部（15%）、仓储部（10%）、生产部（20%）	1 656 000.00		
	厂房	01002	一车间（50%）、二车间（50%）	4 384 800.00		
	仓库	01003	材料库（50%）、成品库（50%）	1 461 600.00		
机器设备	窗纱网机	02001	一车间	436 179.61		
	窗纱网机	02002	一车间	436 179.61		
	轧花网机	02003	一车间	142 552.92		
	轧花网机	02004	一车间	142 552.92		
	刺绳机	02005	一车间	63 474.21		
	刺绳机	02006	一车间	63 474.21		
	刺绳机	02007	一车间	63 474.21		
	烤漆生产设备	02008	一车间	679 203.62		

（续表）

<table>
<tr><th>类别</th><th>固定资产名称</th><th>固定资产编号</th><th>使用部门</th><th>账面原值</th><th>本月计提折旧额</th><th>对应科目</th></tr>
<tr><td rowspan="2">机器设备</td><td>卧式集成四连轧两用生产设备</td><td>02009</td><td>二车间</td><td>529 381.82</td><td></td><td rowspan="2"></td></tr>
<tr><td>直线式全自动电镀生产设备</td><td>02010</td><td>二车间</td><td>987 392.32</td><td></td></tr>
<tr><td rowspan="4">运输工具</td><td>越野车</td><td>03001</td><td rowspan="2">总经理办公室（10%）、财务部（30%）、人事部（15%）、采购部（15%）、仓储部（10%）、生产部（20%）</td><td>290 371.93</td><td></td><td rowspan="2"></td></tr>
<tr><td>小轿车</td><td>03002</td><td>216 921.00</td><td></td></tr>
<tr><td>商务车</td><td>03003</td><td>销售部</td><td>469 205.62</td><td></td><td rowspan="2"></td></tr>
<tr><td>货车</td><td>03004</td><td>销售部</td><td>332 055.26</td><td></td></tr>
<tr><td rowspan="12">办公设备</td><td>台式电脑</td><td>04001</td><td rowspan="4">总经理办公室（10%）、财务部（30%）、人事部（15%）、采购部（15%）、仓储部（10%）、生产部（20%）</td><td>15 615.5</td><td></td><td rowspan="12"></td></tr>
<tr><td>台式电脑</td><td>04002</td><td>15 615.5</td><td></td></tr>
<tr><td>台式电脑</td><td>04003</td><td>15 615.5</td><td></td></tr>
<tr><td>台式电脑</td><td>04004</td><td>15 615.5</td><td></td></tr>
<tr><td>打印机</td><td>04005</td><td rowspan="2">总经理办公室（10%）、财务部（30%）、人事部（15%）、采购部（15%）、仓储部（10%）、生产部（20%）</td><td>12 813.00</td><td></td></tr>
<tr><td>打印机</td><td>04006</td><td>12 813.00</td><td></td></tr>
<tr><td>空调</td><td>04007</td><td rowspan="4">总经理办公室（10%）、财务部（30%）、人事部（15%）、采购部（15%）、仓储部（10%）、生产部（20%）</td><td>18 406.00</td><td></td></tr>
<tr><td>空调</td><td>04008</td><td>18 406.00</td><td></td></tr>
<tr><td>空调</td><td>04009</td><td>18 406.00</td><td></td></tr>
<tr><td>空调</td><td>04010</td><td>18 406.00</td><td></td></tr>
<tr><td>复印机</td><td>04011</td><td rowspan="2">总经理办公室（10%）、财务部（30%）、人事部（15%）、采购部（15%）、仓储部（10%）、生产部（20%）</td><td>8 181.00</td><td></td></tr>
<tr><td>复印机</td><td>04012</td><td>8 181.00</td><td></td></tr>
<tr><td colspan="4">合计</td><td>12 532 893.26</td><td></td><td></td></tr>
</table>

会计主管：　　　　　　　　复核：　　　　　　　　制表：

<table>
<tr><td colspan="13" align="center">转 账 凭 证
年　月　日　　　____字第____号</td></tr>
<tr><td rowspan="2">摘　要</td><td colspan="2">会　计　科　目</td><td rowspan="2">✓</td><td colspan="10">借方金额</td><td rowspan="2">✓</td><td colspan="10">贷方金额</td></tr>
<tr><td>总账科目</td><td>明细科目</td><td>千</td><td>百</td><td>十</td><td>万</td><td>千</td><td>百</td><td>十</td><td>元</td><td>角</td><td>分</td><td>千</td><td>百</td><td>十</td><td>万</td><td>千</td><td>百</td><td>十</td><td>元</td><td>角</td><td>分</td></tr>
<tr><td></td><td></td><td></td><td></td><td></td><td></td><td></td><td></td><td></td><td></td><td></td><td></td><td></td><td></td><td></td><td></td><td></td><td></td><td></td><td></td><td></td><td></td><td></td><td></td><td></td></tr>
<tr><td></td><td></td><td></td><td></td><td></td><td></td><td></td><td></td><td></td><td></td><td></td><td></td><td></td><td></td><td></td><td></td><td></td><td></td><td></td><td></td><td></td><td></td><td></td><td></td><td></td></tr>
<tr><td></td><td></td><td></td><td></td><td></td><td></td><td></td><td></td><td></td><td></td><td></td><td></td><td></td><td></td><td></td><td></td><td></td><td></td><td></td><td></td><td></td><td></td><td></td><td></td><td></td></tr>
<tr><td></td><td></td><td></td><td></td><td></td><td></td><td></td><td></td><td></td><td></td><td></td><td></td><td></td><td></td><td></td><td></td><td></td><td></td><td></td><td></td><td></td><td></td><td></td><td></td><td></td></tr>
<tr><td></td><td></td><td></td><td></td><td></td><td></td><td></td><td></td><td></td><td></td><td></td><td></td><td></td><td></td><td></td><td></td><td></td><td></td><td></td><td></td><td></td><td></td><td></td><td></td><td></td></tr>
<tr><td colspan="3" align="center">合　计</td><td></td><td></td><td></td><td>¥</td><td></td><td></td><td></td><td></td><td></td><td></td><td></td><td></td><td></td><td></td><td>¥</td><td></td><td></td><td></td><td></td><td></td><td></td><td></td></tr>
</table>

附单据　张

财务主管:　　记账:　　复核:　　制单:

图 3-7　空白转账凭证示意图

（6）业务 28：计提坏账准备。原始凭证如表 3-7 所示，所需记账凭证如图 3-8 所示。

表 3-7　坏账准备计算表

单位:　　　　日期:　　年　　月　　日　　　　金额单位:

项目	金额	备注
应收账款的期末余额		计提比例为 2%
“坏账准备”科目的贷方余额		
本期应计提的坏账准备		

会计主管:　　　　复核:　　　　制表:

<table>
<tr><td colspan="13" align="center">转 账 凭 证
年　月　日　　　____字第____号</td></tr>
<tr><td rowspan="2">摘　要</td><td colspan="2">会　计　科　目</td><td rowspan="2">✓</td><td colspan="10">借方金额</td><td rowspan="2">✓</td><td colspan="10">贷方金额</td></tr>
<tr><td>总账科目</td><td>明细科目</td><td>千</td><td>百</td><td>十</td><td>万</td><td>千</td><td>百</td><td>十</td><td>元</td><td>角</td><td>分</td><td>千</td><td>百</td><td>十</td><td>万</td><td>千</td><td>百</td><td>十</td><td>元</td><td>角</td><td>分</td></tr>
<tr><td></td><td></td><td></td><td></td><td></td><td></td><td></td><td></td><td></td><td></td><td></td><td></td><td></td><td></td><td></td><td></td><td></td><td></td><td></td><td></td><td></td><td></td><td></td><td></td><td></td></tr>
<tr><td></td><td></td><td></td><td></td><td></td><td></td><td></td><td></td><td></td><td></td><td></td><td></td><td></td><td></td><td></td><td></td><td></td><td></td><td></td><td></td><td></td><td></td><td></td><td></td><td></td></tr>
<tr><td></td><td></td><td></td><td></td><td></td><td></td><td></td><td></td><td></td><td></td><td></td><td></td><td></td><td></td><td></td><td></td><td></td><td></td><td></td><td></td><td></td><td></td><td></td><td></td><td></td></tr>
<tr><td></td><td></td><td></td><td></td><td></td><td></td><td></td><td></td><td></td><td></td><td></td><td></td><td></td><td></td><td></td><td></td><td></td><td></td><td></td><td></td><td></td><td></td><td></td><td></td><td></td></tr>
<tr><td></td><td></td><td></td><td></td><td></td><td></td><td></td><td></td><td></td><td></td><td></td><td></td><td></td><td></td><td></td><td></td><td></td><td></td><td></td><td></td><td></td><td></td><td></td><td></td><td></td></tr>
<tr><td colspan="3" align="center">合　计</td><td></td><td></td><td></td><td>¥</td><td></td><td></td><td></td><td></td><td></td><td></td><td></td><td></td><td></td><td></td><td>¥</td><td></td><td></td><td></td><td></td><td></td><td></td><td></td></tr>
</table>

附单据　张

财务主管:　　记账:　　复核:　　制单:

图 3-8　空白转账凭证示意图

（7）业务 29：结转本月发生的制造费用。原始凭证如表 3-8 所示，所需记账凭证如图 3-9 所示。

表 3-8　制造费用计算表

单位：　　　　　　　　　　　　日期：　　年　　月　　日　　　　　　　　金额单位：

产品	制造费用
铝制品 A	
铝制品 B	
合计	

会计主管：　　　　　　　　　　复核：　　　　　　　　　　制表：

转 账 凭 证

年　　月　　日　　　　______字第______号

摘　要	会计科目		√	借方金额										√	贷方金额									
	总账科目	明细科目		千	百	十	万	千	百	十	元	角	分		千	百	十	万	千	百	十	元	角	分
合　计						¥											¥							

附单据　张

财务主管：　　　　记账：　　　　复核：　　　　制单：

图 3-9　空白转账凭证示意图

（8）业务 30：结转本月完工产品的生产成本。本月投产的 1 000 件铝制品 A 和 1 000 件铝制品 B 全部完工入库，期末无在产品。原始凭证如表 3-9 和图 3-10 所示，所需记账凭证如图 3-11 所示。

表 3-9　完工产品成本计算表

单位：　　　　　　　　　　　　日期：　　年　　月　　日　　　　　　　　金额单位：

成本项目	铝制品 A（1 000 件）		铝制品 B（1 000 件）	
	总成本	单位成本	总成本	单位成本
直接材料				
直接人工				
制造费用				
合计				

会计主管：　　　　　　　　　　复核：　　　　　　　　　　制表：

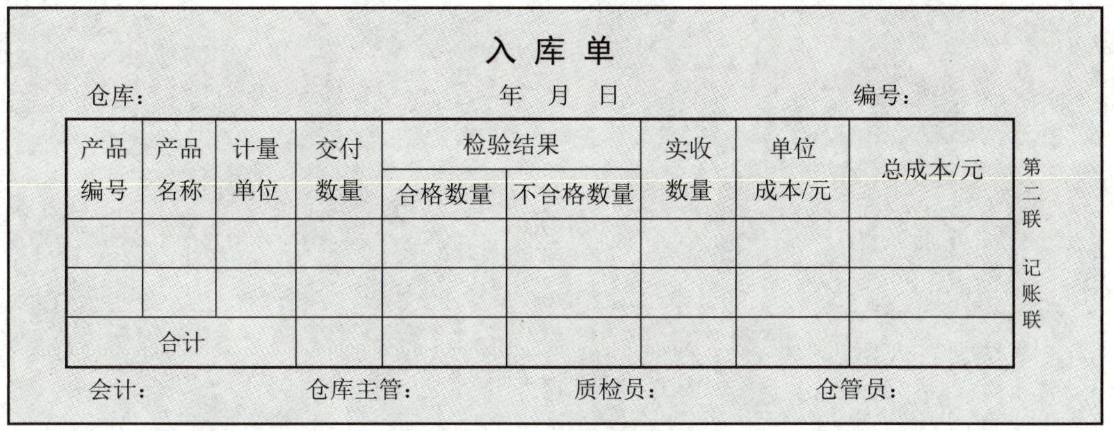

入 库 单

仓库：　　　　　　　　　　年　月　日　　　　　　　　　　编号：

产品编号	产品名称	计量单位	交付数量	检验结果		实收数量	单位成本/元	总成本/元
				合格数量	不合格数量			
合计								

第二联 记账联

会计：　　　　仓库主管：　　　　质检员：　　　　仓管员：

图 3-10　空白入库单示意图

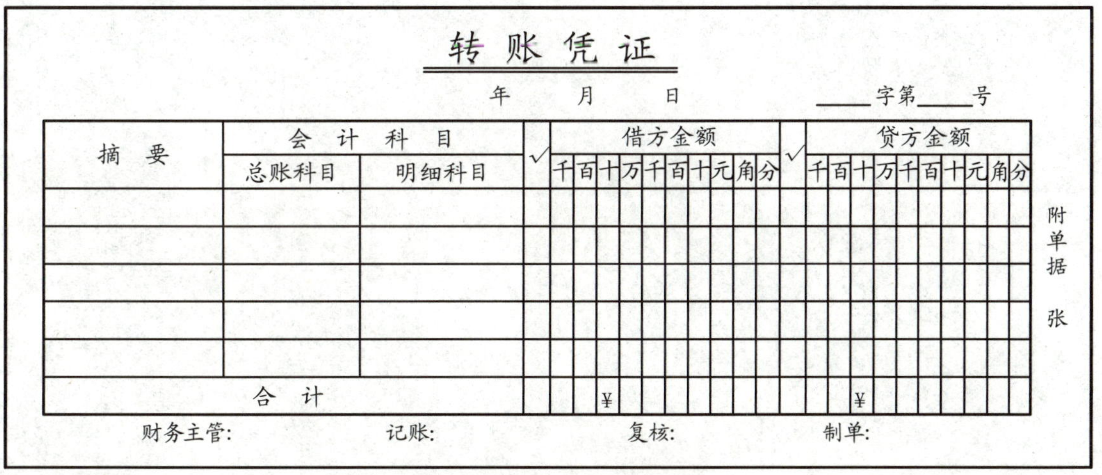

转 账 凭 证

年　　月　　日　　　　＿＿字第＿＿号

摘　要	会　计　科　目		✓	借方金额	✓	贷方金额
	总账科目	明细科目		千百十万千百十元角分		千百十万千百十元角分
合　计				¥		¥

附单据　张

财务主管：　　　记账：　　　复核：　　　制单：

图 3-11　空白转账凭证示意图

（9）业务 31：计算并确认本月已销商品的成本。原始凭证如表 3-10 所示，所需记账凭证如图 3-12 所示。

表 3-10　商品销售成本计算表

单位：　　　　　　　　日期：　　年　　月　　日　　　　　　金额单位：

商品名称	销售数量	单位成本	总成本
铝制品 A			
铝制品 B			
合计			

会计主管：　　　　　　复核：　　　　　　制表：

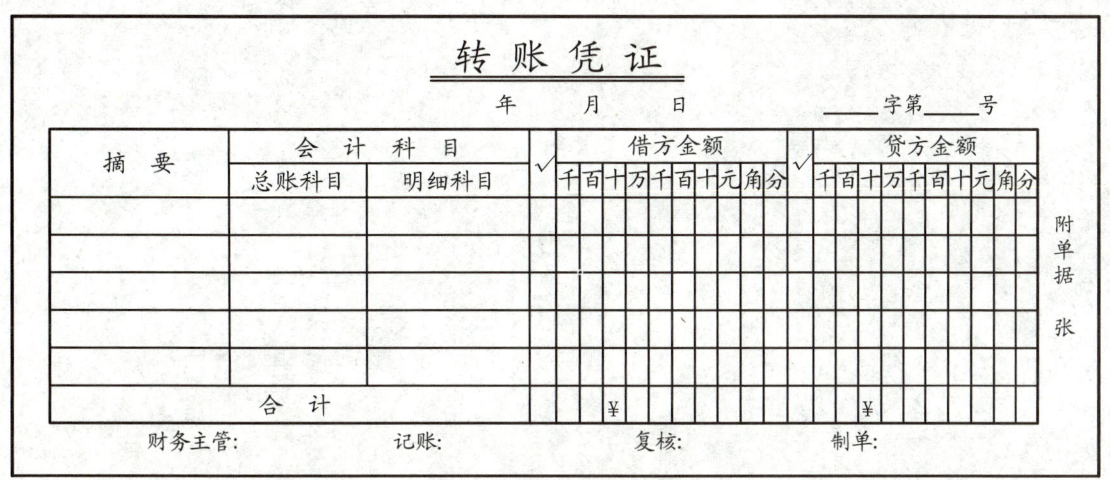

转 账 凭 证

年　月　日　　　　＿＿字第＿＿号

摘要	会计科目		✓	借方金额										✓	贷方金额								
	总账科目	明细科目		千	百	十	万	千	百	十	元	角	分		千	百	十	万	千	百	十	元	角	分
合计						¥											¥						

附单据　张

财务主管:　记账:　复核:　制单:

图 3-12　空白转账凭证示意图

（10）业务 32：计算并结转本月应缴纳的增值税。原始凭证如表 3-11 所示，所需记账凭证如图 3-13 所示。

表 3-11　增值税计算表

单位：　　日期：　年　月　日　　金额单位：

项目	金额	备注
销项税额		本月应缴纳的增值税税额即实际缴纳的税额
进项税额		
应交增值税		

会计主管：　复核：　制表：

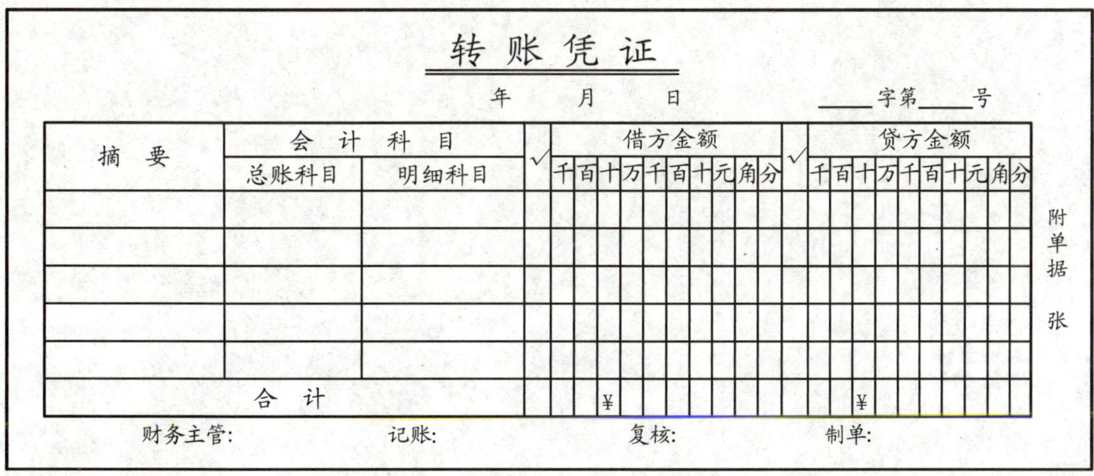

转 账 凭 证

年　月　日　　　　＿＿字第＿＿号

摘要	会计科目		✓	借方金额										✓	贷方金额								
	总账科目	明细科目		千	百	十	万	千	百	十	元	角	分		千	百	十	万	千	百	十	元	角	分
合计						¥											¥						

附单据　张

财务主管:　记账:　复核:　制单:

图 3-13　空白转账凭证示意图

（11）业务 33：计算并结转本月应缴纳的城市维护建设税、教育费附加和地方教育附加。原始凭证如表 3-12 所示，所需记账凭证如图 3-14 所示。

表 3-12　城市维护建设税、教育费附加和地方教育附加计算表

单位：　　　　　　　　　　　　日期：　　年　　月　　日　　　　　　　　　　金额单位：

项目	计税基础 （实际缴纳的增值税税额）	税率或征收率	金额
应交城市维护建设税		7%	
应交教育费附加		3%	
应交地方教育附加		2%	
合计			

会计主管：　　　　　　　　　　复核：　　　　　　　　　　制表：

转 账 凭 证

年　　月　　日　　　　　　＿＿字第＿＿号

摘　要	会　计　科　目		√	借方金额										√	贷方金额									
	总账科目	明细科目		千	百	十	万	千	百	十	元	角	分		千	百	十	万	千	百	十	元	角	分
合　计						¥											¥							

附单据　张

财务主管：　　　　记账：　　　　复核：　　　　制单：

图 3-14　空白转账凭证示意图

（12）业务 34：将本月损益类账户的发生额结转到“本年利润”账户。原始凭证如表 3-13 所示，所需记账凭证如图 3-15 和图 3-16 所示。

表 3-13　各损益类账户发生额计算表

单位：　　　　　　　　　　　　日期：　　年　　月　　日　　　　　　　　　　金额单位：

项目	本期贷方发生额	本期借方发生额
主营业务收入		
其他业务收入		
投资收益		
营业外收入		
主营业务成本		
其他业务成本		

（续表）

项目	本期贷方发生额	本期借方发生额
税金及附加		
管理费用		
销售费用		
财务费用		
资产减值损失		
信用减值损失		
公允价值变动收益		
其他收益		
资产处置收益		
营业外支出		
合计		

会计主管：　　　　复核：　　　　制表：

转 账 凭 证

年　　月　　日　　　　＿＿字第＿＿号

摘　要	会　计　科　目		✓	借方金额										✓	贷方金额									
	总账科目	明细科目		千	百	十	万	千	百	十	元	角	分		千	百	十	万	千	百	十	元	角	分
合　计						¥											¥							

附单据　张

财务主管：　　　　记账：　　　　复核：　　　　制单：

图 3-15　空白转账凭证示意图

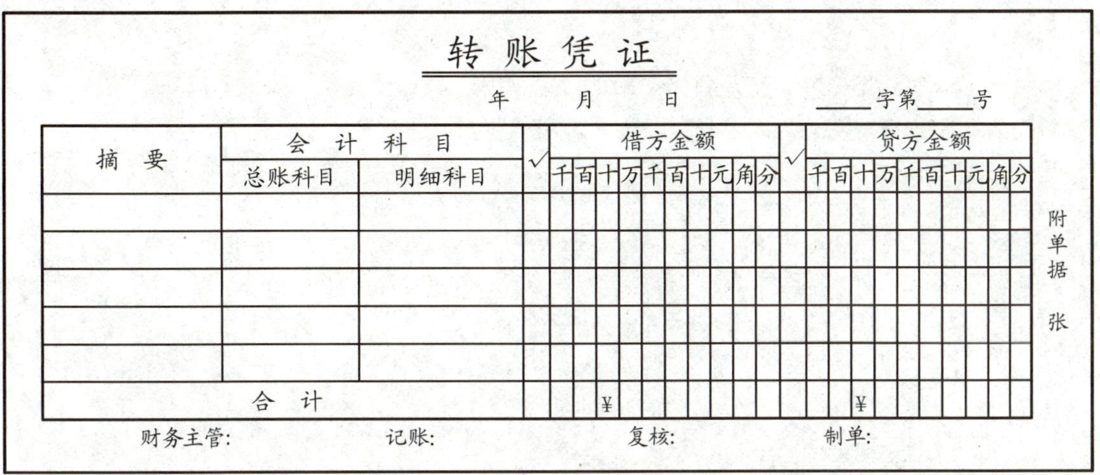

转账凭证

年　　月　　日　　　　　　　　____字第____号

摘要	会计科目		✓	借方金额	✓	贷方金额
	总账科目	明细科目		千百十万千百十元角分		千百十万千百十元角分
合计				¥		¥

附单据　张

财务主管:　　　记账:　　　复核:　　　制单:

图 3-16　空白转账凭证示意图

（13）业务 35：计提并结转本月应缴纳的企业所得税。原始凭证如表 3-14 所示，所需记账凭证如图 3-17 和图 3-18 所示。

表 3-14　企业所得税计算表

单位:　　　　　　　　日期:　　年　　月　　日　　　　　　金额单位:

项目	金额	备注
利润总额		假设本月利润总额即应纳税所得额。企业所得税税率为 25%
应纳税所得额		
应交企业所得税		

会计主管:　　　　　　复核:　　　　　　制表:

转账凭证

年　　月　　日　　　　　　　　____字第____号

摘要	会计科目		✓	借方金额	✓	贷方金额
	总账科目	明细科目		千百十万千百十元角分		千百十万千百十元角分
合计				¥		¥

附单据　张

财务主管:　　　记账:　　　复核:　　　制单:

图 3-17　空白转账凭证示意图

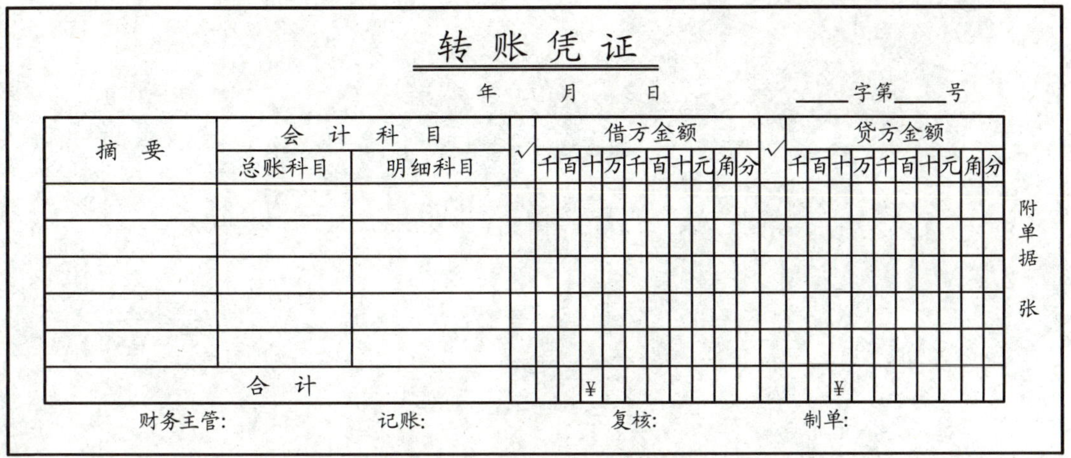

转账凭证

年　月　日　　　　____字第____号

摘要	会计科目		✓	借方金额	✓	贷方金额
	总账科目	明细科目		千百十万千百十元角分		千百十万千百十元角分
合计				¥		¥

附单据　张

财务主管:　　记账:　　复核:　　制单:

图 3-18　空白转账凭证示意图

（14）业务 36：将本年净利润转入“利润分配——未分配利润”明细账户。所需记账凭证如图 3-19 所示。

转账凭证

年　月　日　　　　____字第____号

摘要	会计科目		✓	借方金额	✓	贷方金额
	总账科目	明细科目		千百十万千百十元角分		千百十万千百十元角分
合计				¥		¥

附单据　张

财务主管:　　记账:　　复核:　　制单:

图 3-19　空白转账凭证示意图

（15）业务 37：按照年度净利润的 10%提取法定盈余公积。原始凭证如表 3-15 所示，所需记账凭证如图 3-20 所示。

表 3-15　法定盈余公积计算表

单位:　　　　日期:　　年　　月　　日　　　　金额单位:

项目	金额	备注
1—11 月净利润		提取比例为 10%
12 月净利润		
年度净利润		
应提取法定盈余公积		

会计主管:　　　　复核:　　　　制表:

转 账 凭 证

年　　月　　日　　　　＿＿字第＿＿号

摘 要	会 计 科 目		√	借方金额										√	贷方金额									
	总账科目	明细科目		千	百	十	万	千	百	十	元	角	分		千	百	十	万	千	百	十	元	角	分
合 计						¥											¥							

附单据　张

财务主管:　　　　记账:　　　　复核:　　　　制单:

图 3-20　空白转账凭证示意图

（16）业务 38：将“利润分配”账户的其他明细账户结转到“利润分配——未分配利润”明细账户。所需记账凭证如图 3-21 所示。

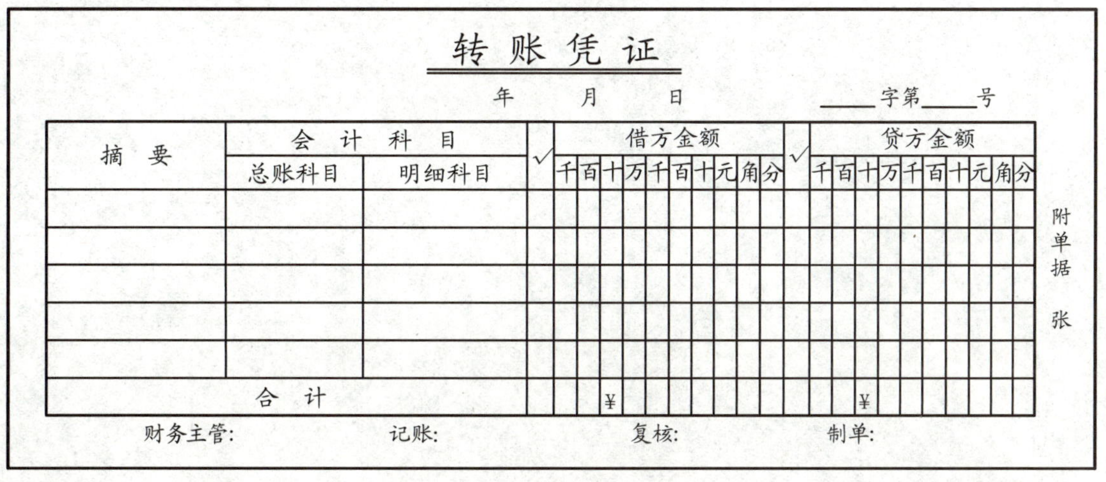

转 账 凭 证

年　　月　　日　　　　＿＿字第＿＿号

摘 要	会 计 科 目		√	借方金额										√	贷方金额									
	总账科目	明细科目		千	百	十	万	千	百	十	元	角	分		千	百	十	万	千	百	十	元	角	分
合 计						¥											¥							

附单据　张

财务主管:　　　　记账:　　　　复核:　　　　制单:

图 3-21　空白转账凭证示意图

（二）智能化操作所需资料和用具

智能化操作需要使用用友 U8 进行操作，需要用到的资料为上述期末业务资料和以下资料。

（1）工资分摊设置信息如表 3-16 至表 3-21 所示。

表 3-16　工资分摊的计提类型名称及计提比例

序号	计提类型名称	计提比例
1	工资	100%
2	社会保险费	27%
3	住房公积金	12%
4	工会经费	2%
5	职工教育经费	8%

表 3-17　工资的分摊构成设置

<table>
<tr><th>部门名称</th><th>人员类别</th><th>工资项目</th><th>借方科目</th><th>借方
项目大类</th><th>借方项目</th><th>贷方科目</th></tr>
<tr><td>总经理办公室、财务部、人事部、采购部、仓储部、生产部</td><td>管理人员</td><td rowspan="7">应付合计</td><td>660201 人工费</td><td rowspan="5">无</td><td rowspan="5">无</td><td rowspan="7">221101 工资</td></tr>
<tr><td>财务部、人事部、采购部、材料库、成品库、生产部</td><td>普通人员</td><td>660201 人工费</td></tr>
<tr><td>销售部</td><td>管理人员、普通人员</td><td>660101 人工费</td></tr>
<tr><td>一车间</td><td>管理人员</td><td>51010101 铝制品 A</td></tr>
<tr><td>二车间</td><td>管理人员</td><td>51010102 铝制品 B</td></tr>
<tr><td>一车间</td><td>生产人员</td><td>50010102 直接人工</td><td>生产成本</td><td>铝制品 A</td></tr>
<tr><td>二车间</td><td>生产人员</td><td>50010202 直接人工</td><td>生产成本</td><td>铝制品 B</td></tr>
</table>

表 3-18　社会保险费的分摊构成设置

部门名称	人员类别	工资项目	借方科目	借方 项目大类	借方项目	贷方科目
总经理办公室、财务部、人事部、采购部、仓储部、生产部	管理人员	基本工资	660201 人工费	无	无	221102 社会保险费

（续表）

部门名称	人员类别	工资项目	借方科目	借方项目大类	借方项目	贷方科目
财务部、人事部、采购部、材料库、成品库、生产部	普通人员	基本工资	660201 人工费	无	无	221102 社会保险费
销售部	管理人员、普通人员		660101 人工费			
一车间	管理人员		51010101 铝制品 A			
二车间	管理人员		51010102 铝制品 B			
一车间	生产人员		50010102 直接人工	生产成本	铝制品 A	
二车间	生产人员		50010202 直接人工	生产成本	铝制品 B	

表 3-19　住房公积金的分摊构成设置

部门名称	人员类别	工资项目	借方科目	借方项目大类	借方项目	贷方科目
总经理办公室、财务部、人事部、采购部、仓储部、生产部	管理人员	基本工资	660201 人工费	无	无	221103 住房公积金
财务部、人事部、采购部、材料库、成品库、生产部	普通人员		660201 人工费			
销售部	管理人员、普通人员		660101 人工费			
一车间	管理人员		51010101 铝制品 A			
二车间	管理人员		51010102 铝制品 B			
一车间	生产人员		50010102 直接人工	生产成本	铝制品 A	
二车间	生产人员		50010202 直接人工	生产成本	铝制品 B	

表 3-20　工会经费的分摊构成设置

部门名称	人员类别	工资项目	借方科目	借方项目大类	借方项目	贷方科目
总经理办公室、财务部、人事部、采购部、仓储部、生产部	管理人员	应付合计	660201 人工费	无	无	221104 工会经费

（续表）

部门名称	人员类别	工资项目	借方科目	借方项目大类	借方项目	贷方科目
财务部、人事部、采购部、材料库、成品库、生产部	普通人员	应付合计	660201 人工费	无	无	221104 工会经费
销售部	管理人员、普通人员		660101 人工费			
一车间	管理人员		51010101 铝制品 A			
二车间	管理人员		51010102 铝制品 B			
一车间	生产人员		50010102 直接人工	生产成本	铝制品 A	
二车间	生产人员		50010202 直接人工	生产成本	铝制品 B	

表 3-21　职工教育经费的分摊构成设置

部门名称	人员类别	工资项目	借方科目	借方项目大类	借方项目	贷方科目
总经理办公室、财务部、人事部、采购部、仓储部、生产部	管理人员	应付合计	660201 人工费	无	无	221105 职工教育经费
财务部、人事部、采购部、材料库、成品库、生产部	普通人员		660201 人工费			
销售部	管理人员、普通人员		660101 人工费			
一车间	管理人员		51010101 铝制品 A			
二车间	管理人员		51010102 铝制品 B			
一车间	生产人员		50010102 直接人工	生产成本	铝制品 A	
二车间	生产人员		50010202 直接人工	生产成本	铝制品 B	

（2）自定义转账的凭证模板如表 3-22 至表 3-28 所示。

表 3-22　结转本月制造费用（铝制品 A）凭证模板

转账序号	转账说明	凭证类别	科目编码	项目	方向	金额公式
0001	结转本月制造费用（铝制品 A）	转账凭证	50010103 制造费用	铝制品 A	借	JG()
			51010101 铝制品 A	无	贷	QM(51010101,月)
			51010201 铝制品 A	无	贷	QM(51010201,月)
			51010301 铝制品 A	无	贷	QM(51010301,月)
			51010401 铝制品 A	无	贷	QM(51010401,月)

表 3-23　结转本月制造费用（铝制品 B）凭证模板

转账序号	转账说明	凭证类别	科目编码	项目	方向	金额公式
0002	结转本月制造费用（铝制品 B）	转账凭证	50010203 制造费用	铝制品 B	借	JG()
			51010102 铝制品 B	无	贷	QM(51010102,月)
			51010202 铝制品 B	无	贷	QM(51010202,月)
			51010302 铝制品 B	无	贷	QM(51010302,月)
			51010402 铝制品 B	无	贷	QM(51010402,月)

表 3-24　计提本月未交增值税凭证模板

转账序号	转账说明	凭证类别	科目编码	方向	金额公式
0003	计提本月未交增值税	转账凭证	22210103 转出未交增值税	借	QM(222101,月)
			222102 未交增值税	贷	JG()

表 3-25　计提本月应交城市维护建设税、教育费附加和地方教育附加凭证模板

转账序号	转账说明	凭证类别	科目编码	方向	金额公式
0004	计提本月应交城市维护建设税、教育费附加和地方教育附加	转账凭证	6403 税金及附加	借	JG()
			222103 应交城市维护建设税	贷	QM(222102,月)*0.07
			222104 应交教育费附加	贷	QM(222102,月)*0.03
			222105 应交地方教育附加	贷	QM(222102,月)*0.02

表 3-26　计提本月应交企业所得税凭证模板

转账序号	转账说明	凭证类别	科目编码	方向	金额公式
0005	计提本月应交企业所得税	转账凭证	6801 所得税费用	借	(FS(4103,月,贷)–FS(4103,月,借))*0.25
			222107 应交企业所得税	贷	JG()

表 3-27　计提法定盈余公积凭证模板

转账序号	转账说明	凭证类别	科目编码	方向	金额公式
0006	计提法定盈余公积	转账凭证	410402 提取法定盈余公积	借	JG()
			410101 法定盈余公积	贷	FS(410401,月,贷)*0.1

表 3-28　结转利润分配各明细账户凭证模板

转账序号	转账说明	凭证类别	科目编码	方向	金额公式
0007	结转利润分配各明细账户	转账凭证	410401 未分配利润	借	JG()
			410402 提取法定盈余公积	贷	FS(410401,月,贷)*0.1

（3）对应结转的凭证模板如表 3-29 所示。

表 3-29　结转净利润凭证模板

编号	摘要	凭证类别	科目类型	科目编码
0001	结转净利润	转账凭证	转出科目	4103 本年利润
			转入科目	410401 未分配利润

（4）设置期间损益结转，将本年利润科目设置为“4103 本年利润”。

实训步骤 »

一、手工操作步骤

按照科目汇总表账务处理程序，处理北京宏达 2023 年 12 月 31 日发生的期末业务，具体操作步骤如下。

（1）根据企业发生的期末业务，填制和审核所附的原始凭证，并将原始凭证裁剪下来。

（2）根据审核无误的原始凭证填制和审核记账凭证，并将裁剪下来的原始凭证附在相应的记账凭证后。

（3）根据审核无误的记账凭证登记日记账和明细账。

（4）编制科目汇总表（二）（见表 3-30）。

表 3-30　科目汇总表（二）

单位：　　日期：2023 年 12 月 16 日至 2023 年 12 月 31 日　　科汇字第 24 号

会计科目	本期借方发生额/元	本期贷方发生额/元	记账凭证起讫号数
库存现金			
银行存款			
应收票据			
应收账款			
预付账款			
其他应收款			
坏账准备			
在途物资			
原材料			
库存商品			
固定资产			

（续表）

会计科目	本期借方发生额/元	本期贷方发生额/元	记账凭证起讫号数
累计折旧			
短期借款			
应付账款			
预收账款			
其他应付款			
应付职工薪酬			
应交税费			
应付利息			
生产成本			
制造费用			
主营业务收入			
主营业务成本			
税金及附加			
管理费用			
财务费用			
销售费用			
营业外支出			
信用减值损失			
所得税费用			
实收资本			
盈余公积			
本年利润			
利润分配			
合计			

（5）根据科目汇总表登记总账。

（6）将总账分别与日记账、明细账进行核对，并进行结账。

二、智能化操作步骤

根据北京宏达 2023 年 12 月 31 日发生的经济业务，登录用友 U8 的企业应用平台进行账务处理，然后进行对账和结账，具体操作步骤如下。

（1）薪资管理类业务的账务处理流程如图 3-22 所示。

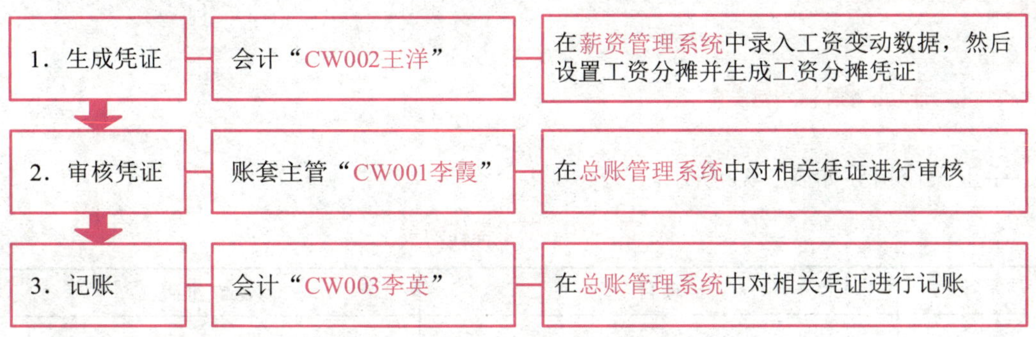

图 3-22　薪资管理类业务的账务处理流程

（2）月末结转类业务的账务处理流程如图 3-23 所示。

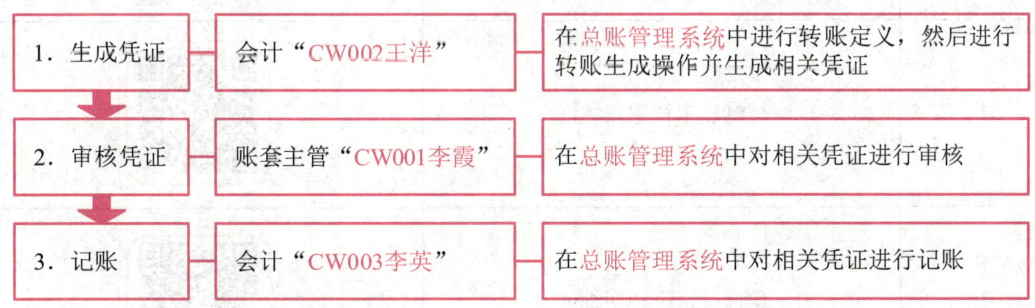

图 3-23　月末结转类业务的账务处理流程

（3）对账和结账的处理流程如图 3-24 所示。

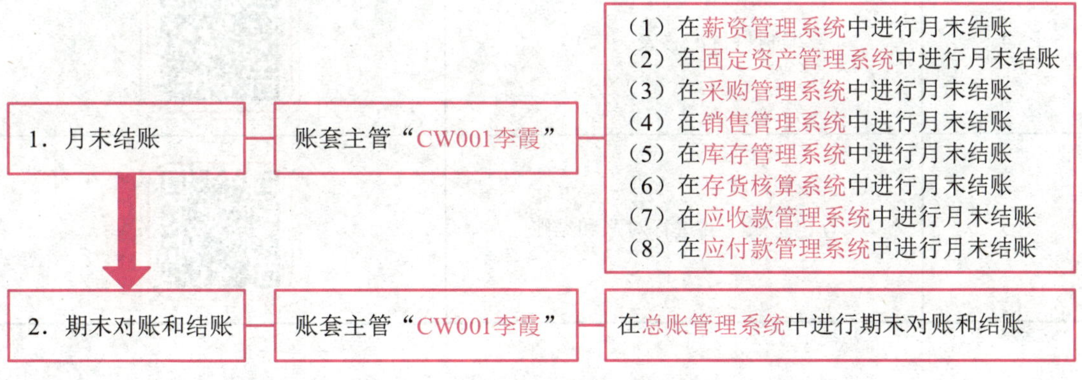

图 3-24　对账和结账的处理流程

实训指导 »

一、手工操作指导

手工操作指导如表 3-31 所示。

表 3-31 手工操作指导

序号	项目	二维码
1	填制和审核原始凭证	
2	填制和审核记账凭证	
3	登记日记账和明细账	
4	编制科目汇总表（二）	
5	登记总账，并进行对账和结账	

二、智能化操作指导

智能化操作指导如表 3-32 所示。

表 3-32　智能化操作指导

序号	项目	二维码
1	处理薪资管理类业务	
2	处理月末结转类业务	
3	对账和结账	

实训评价

各组派 1 名小组代表展示实训结果，并配合指导教师完成实训评价表（见表 3-33）。

表 3-33　实训评价表

考核项目	评价内容	分值	评价分数		
			自评	互评	师评
个人素养考核（20 分）	日常考勤与仪容仪表	5			
	责任意识与学习态度	5			
	团队意识与合作精神	10			
专业能力考核（80 分）	实训准备过程记录及讨论的完成度	10			
	实训过程的完成度	30			
	实训结果的完整性与准确度	40			
合计：自评分数（15%）_____+互评分数（15%）_____+师评分数（70%）_____=综合分数_____		100			
综合评价					
考评日期：		指导教师（签名）：			

智能会计实训四

编制财务报表

知识目标

- 熟悉资产负债表和利润表的结构。
- 掌握资产负债表和利润表的编制方法。

技能目标

- 能够正确、规范地编制资产负债表和利润表。
- 能够使用会计信息系统生成资产负债表和利润表。

素养目标

- 严格遵守职业道德规范，确保财务报表的真实性和准确性。
- 牢固树立责任意识和保密意识。

实训引入 »

财务报表是会计核算的结果和最终表现形式，是企业会计信息输出的主要渠道，也是外界了解企业的主要窗口。2023 年 12 月 31 日，财务部迎来了本年度财务会计工作的“重头戏”——编制财务报表。财务部主管李霞要求本部门人员不仅要做好手工编制资产负债表和利润表的工作，还要使用用友 U8 生成这些报表，并且要确保两项工作的统一性和准确性。

实训分组 »

一、任务描述

根据北京宏达 2023 年全年的账务资料，编制年度资产负债表和利润表。

二、任务分工

全班学生以 4～6 人为一组进行分组，每组设 1 名组长。小组成员共同讨论任务分工并将分工情况填到表 4-1 中。

表 4-1　小组成员及分工情况

小组成员	姓名	学号	任务分工
组长			
组员			

实训准备 »

一、知识准备

在实训开始前，请各组思考以下问题，并进行讨论和分析。

（1）资产负债表包括哪些部分？

智能会计实训四
知识准备

（2）如何编制资产负债表？

（3）利润表包括哪些部分？

（4）如何编制利润表？

二、资料和用具准备

（一）手工操作所需资料和用具

手工操作需要用到北京宏达 2023 年全年的账务资料（即前三个实训完成的各类账务资料），以及空白的资产负债表和利润表（见表 4-3 和表 4-4）。

（二）智能化操作所需资料和用具

智能化操作需要使用用友 U8 进行操作，需要用到的资料为北京宏达 2023 年全年的账务资料（即前三个实训设置和输入完成的各类账务资料）。

实训步骤

一、手工操作步骤

根据北京宏达 2023 年全年的账务资料，编制资产负债表和利润表，具体操作步骤如下。

（1）根据有关账户的余额和发生额，编制总分类账户试算平衡表（见表 4-2）。

表 4-2　总分类账户试算平衡表

单位：　　　　　　　　　　　日期：　　　年　　月　　日　　　　　　　　　　　金额单位：

账户名称	期初余额		本期发生额		期末余额	
	借方	贷方	借方	贷方	借方	贷方
库存现金						
银行存款						
应收票据						
应收账款						
预付账款						
其他应收款						
坏账准备						
在途物资						
原材料						
库存商品						
固定资产						
累计折旧						
短期借款						

（续表）

账户名称	期初余额		本期发生额		期末余额	
	借方	贷方	借方	贷方	借方	贷方
应付账款						
预收账款						
应付职工薪酬						
应交税费						
其他应付款						
应付利息						
生产成本						
制造费用						
主营业务收入						
主营业务成本						
税金及附加						
管理费用						
财务费用						
销售费用						
营业外支出						
信用减值损失						
所得税费用						
实收资本						
盈余公积						
本年利润						
利润分配						
合计						

（2）根据总分类账户试算平衡表，编制资产负债表（见表 4-3）。

表 4-3　资产负债表

会企 01 表

编制单位：　　　　　　　　____年____月____日　　　　　　　　单位：元

资产	期末余额	上年年末余额	负债和所有者权益（或股东权益）	期末余额	上年年末余额
流动资产：			流动负债：		
货币资金			短期借款		
交易性金融资产			交易性金融负债		
衍生金融资产			衍生金融负债		

（续表）

资产	期末余额	上年年末余额	负债和所有者权益（或股东权益）	期末余额	上年年末余额
应收票据			应付票据		
应收账款			应付账款		
应收款项融资			预收款项		
预付款项			合同负债		
其他应收款			应付职工薪酬		
存货			应交税费		
合同资产			其他应付款		
持有待售资产			持有待售负债		
一年内到期的非流动资产			一年内到期的非流动负债		
其他流动资产			其他流动负债		
流动资产合计			流动负债合计		
非流动资产：			非流动负债：		
债权投资			长期借款		
其他债权投资			应付债券		
长期应收款			其中：优先股		
长期股权投资			永续债		
其他权益工具投资			租赁负债		
其他非流动金融资产			长期应付款		
投资性房地产			预计负债		
固定资产			递延收益		
在建工程			递延所得税负债		
生产性生物资产			其他非流动负债		
油气资产			非流动负债合计		
使用权资产			负债合计		
无形资产			所有者权益（或股东权益）：		
开发支出			实收资本（或股本）		
商誉			其他权益工具		
长期待摊费用			其中：优先股		
递延所得税资产			永续债		
其他非流动资产			资本公积		

（续表）

资产	期末余额	上年年末余额	负债和所有者权益（或股东权益）	期末余额	上年年末余额
非流动资产合计			减：库存股		
			其他综合收益		
			专项储备		
			盈余公积		
			未分配利润		
			所有者权益（或股东权益）合计		
资产总计			负债和所有者权益（或股东权益）总计		

（3）根据总分类账户试算平衡表，编制利润表（见表4-4）。

表4-4 利润表（简表）

会企02表

编制单位：　　　　　　　　　　＿＿年＿＿月　　　　　　　　　　单位：元

项　目	本期金额	上期金额（略）
一、营业收入		
减：营业成本		
税金及附加		
销售费用		
管理费用		
研发费用		
财务费用		
其中：利息费用		
利息收入		
加：其他收益		
投资收益（损失以“−”号填列）		
净敞口套期收益（损失以“−”号填列）		
公允价值变动收益（损失以“−”号填列）		
信用减值损失（损失以“−”号填列）		
资产减值损失（损失以“−”号填列）		
资产处置收益（损失以“−”号填列）		

（续表）

项　目	本期金额	上期金额（略）
二、营业利润（亏损以“-”号填列）		
加：营业外收入		
减：营业外支出		
三、利润总额（亏损总额以“-”号填列）		
减：所得税费用		
四、净利润（净亏损以“-”填列）		
五、其他综合收益的税后净额		
六、综合收益总额		
七、每股收益		

二、智能化操作步骤

根据北京宏达2023年全年的账务资料，登录用友U8的企业应用平台，生成资产负债表和利润表，具体操作步骤如下。

（1）在计算机E盘中新建“财务报表”文件夹，用以保存接下来生成的资产负债表和利润表。

（2）以账套主管“CW001 李霞”的身份登录企业应用平台，进入UFO报表管理系统，利用报表模板生成资产负债表，然后根据现行财务报表（见表4-3）修改资产负债表的项目，根据表4-5修改项目公式。

表4-5　需要修改的资产负债表项目公式

报表项目	期末余额公式	上年年末余额公式
流动资产合计	ptotal(?B7:?B19)	ptotal(?C7:?C19)
固定资产	QM("1601",月,,,年,,)-QM("1602",月,,,年,,)-QM("1603",月,,,年,,)+QM("1606",月,,,年,,)	QC("1601",全年,,,年,,)-QC("1602",全年,,,年,,)-QC("1603",全年,,,年,,)+QC("1606",全年,,,年,,)
非流动资产合计	ptotal(?B22:?B39)	ptotal(?C22:?C39)
资产总计	?B20+?B40	?C20+?C40
其他应付款	QM("2241",月,,,年,,)+QM("2231",月,,,年,,)+QM("2232",月,,,年,,)	QC("2241",全年,,,年,,)+QC("2231",全年,,,年,,)+QC("2232",全年,,,年,,)
流动负债合计	ptotal(?E7:?E19)	ptotal(?F7:?F19)
非流动负债合计	ptotal(?E22:?E31)	ptotal(?F22:?F31)

（续表）

报表项目	期末余额公式	上年年末余额公式
负债合计	?E20+?E32	?F20+?F32
未分配利润	QM("4103", 月 ,,, 年 ,,)+QM("4104", 月,,,年,,)	
所有者权益（或股东权益）合计	ptotal(?E35:?E44)	ptotal(?F35:?F44)
负债和所有者权益（或股东权益）总计	?E33+?E45	?F33+?F45

（3）修改完资产负债表的项目之后，需要调整资产负债表的格式。资产负债表的格式设置要求如下。

① A1 单元格至 F1 单元格为组合单元格，其单元属性为水平方向居中对齐、垂直方向居中对齐；D38 单元格、D41 单元格和 D42 单元格的单元属性分别为水平方向居左对齐、垂直方向居中对齐。

② 第 4～46 行的行高为 4 mm，第 B 列和第 C 列的列宽为 25 mm。

③ 除 A6 单元格、A21 单元格、A46 单元格、D6 单元格、D21 单元格、D34 单元格、D46 单元格外，其余单元格的背景色为白色。

④ A4:F46 单元格区域有“网线”表格线。

（4）调整完资产负债表的格式之后，需要录入关键字。在“年”“月”“日”对应的编辑框中，分别录入“2023”“12”“31”，系统将自动算出资产负债表中的项目数据。

（5）将已生成数据的资产负债表命名为“资产负债表”，并将其另存到事先建立的“财务报表”文件夹中。

（6）在 UFO 报表管理系统中，利用报表模板生成利润表，然后根据现行财务报表（见表 4-4）修改利润表的项目，根据表 4-6 录入项目公式。

表 4-6　需要录入的利润表项目公式

报表项目	本期金额公式
营业收入	fs(6001,月,"贷",,年)+fs(6051,月,"贷",,年)
营业成本	fs(6401,月,"借",,年)+fs(6402,月,"借",,年)
税金及附加	fs(6403,月,"借",,年)
销售费用	fs(6601,月,"借",,年)
管理费用	fs(6602,月,"借",,年)
财务费用	fs(6603,月,"借",,年)
其中：利息费用	fs(660301,月,"借",,年)
信用减值损失（损失以“－”号填列）	-fs(6702,月,"借",,年)

（续表）

报表项目	本期金额公式
营业利润（亏损以“-”号填列）	?B5-?B6-?B7-?B8-?B9-?B10-?B11+?B14+?B15+?B16+?B17+?B18+?B19+?B20
营业外支出	fs(6711,月,"借",,年)
利润总额	?B21+?B22-?B23
所得税费用	fs(6801,月,"借",,年)
净利润	?B24-?B25

（7）修改完利润表的项目之后，需要调整利润表的格式。利润表的格式设置要求如下。

① B4 单元格至 C4 单元格为组合单元格，其单元属性为水平方向居中对齐、垂直方向居中对齐。

② B5 单元格至 C5 单元格、B6 单元格至 C6 单元格、B7 单元格至 C7 单元格、B8 单元格至 C8 单元格、B9 单元格至 C9 单元格、B10 单元格至 C10 单元格、B11 单元格至 C11 单元格、B12 单元格至 C12 单元格、B13 单元格至 C13 单元格、B14 单元格至 C14 单元格、B15 单元格至 C15 单元格、B16 单元格至 C16 单元格、B17 单元格至 C17 单元格、B18 单元格至 C18 单元格、B19 单元格至 C19 单元格、B20 单元格至 C20 单元格、B21 单元格至 C21 单元格、B22 单元格至 C22 单元格、B23 单元格至 C23 单元格、B24 单元格至 C24 单元格、B25 单元格至 C25 单元格、B26 单元格至 C26 单元格、B27 单元格至 C27 单元格、B28 单元格至 C28 单元格、B29 单元格至 C29 单元格分别为组合单元格。

③ A4:D29 单元格区域有“网线”表格线。

（8）调整完利润表的格式之后，需要录入关键字。在“年”“月”对应的编辑框中，分别录入“2023”“12”，系统将自动算出利润表中的项目数据。

（9）将已生成数据的利润表命名为“利润表”，并将其另存到事先建立的“财务报表”文件夹中。

实训指导 »

一、手工操作指导

手工操作指导如表 4-7 所示。

表 4-7　手工操作指导

序号	项目	二维码
1	编制总分类账户试算平衡表	
2	编制资产负债表	
3	编制利润表	

二、智能化操作指导

智能化操作指导如表 4-8 所示。

表 4-8　智能化操作指导

序号	项目	二维码
1	利用报表模板生成资产负债表并进行修改	
2	录入关键字并生成资产负债表数据	
3	利用报表模板生成利润表并进行修改	

（续表）

序号	项目	二维码
4	录入关键字并生成利润表数据	

实训评价 »

各组派 1 名小组代表展示实训结果，并配合指导教师完成实训评价表（见表 4-9）。

表 4-9　实训评价表

考核项目	评价内容	分值	评价分数		
			自评	互评	师评
个人素养考核（20 分）	日常考勤与仪容仪表	5			
	责任意识与学习态度	5			
	团队意识与合作精神	10			
专业能力考核（80 分）	实训准备过程记录及讨论的完成度	10			
	实训过程的完成度	30			
	实训结果的完整性与准确度	40			
合计：自评分数（15%）_____+互评分数（15%）_____+师评分数（70%）_____=综合分数_____		100			
综合评价					
考评日期：		指导教师（签名）：			

智能会计实训五

进行财务分析

知识目标

- 了解财务分析的概念和作用。
- 熟悉财务分析常用的各种指标。
- 掌握财务分析的方法。

技能目标

- 能够收集、整理和核实财务分析所需资料。
- 能够运用各种分析方法进行财务分析。
- 能够使用会计信息系统进行财务分析。

素养目标

- 锻炼独立思考、解决实际问题的能力。
- 增强风险意识，提高风险防范能力。

实训引入 »

编制完财务报表之后，财务部主管李霞要求本部门人员再接再厉，完成财务分析工作。同时，她希望大家能够通过财务分析，尝试找出公司在2023年运营过程中存在的优势与不足，并为公司改进财务管理工作和优化经济决策提供一些必要的建议。

实训分组 »

一、任务描述

根据北京宏达2023年的各项财务数据进行财务分析。

二、任务分工

全班学生以4～6人为一组进行分组，每组设1名组长。小组成员共同讨论任务分工并将分工情况填到表5-1中。

表5-1　小组成员及分工情况

小组成员	姓名	学号	任务分工
组长			
组员			

实训准备 »

一、知识准备

在实训开始前，请各组思考以下问题，并进行讨论和分析。

（1）财务分析的概念及作用是什么？

（2）偿债能力分析包括哪些指标？它们的计算公式分别是什么？

智能会计实训五
知识准备

（3）营运能力分析包括哪些指标？它们的计算公式分别是什么？

（4）盈利能力分析包括哪些指标？它们的计算公式分别是什么？

二、资料和用具准备

（一）手工操作所需资料和用具

手工操作需要用到北京宏达 2023 年的财务报表（即实训四编制完成的资产负债表和利润表）。

（二）智能化操作所需资料和用具

智能化操作需要使用用友 U8 进行操作，需要用到的资料为北京宏达 2023 年的财务报表（即实训四生成的资产负债表和利润表）。

实训步骤 »

一、手工操作步骤

根据北京宏达 2023 年的财务报表，进行偿债能力分析、营运能力分析和盈利能力分析，并将分析结果填入表 5-2 中。

表 5-2　企业财务分析表

单位：　　　　　　　　　　　　日期：　　年　　月　　日

项目	指标	公式	数值
偿债能力分析	流动比率	流动资产合计/流动负债合计	
	资产负债率	负债合计/资产总计×100%	
营运能力分析	应收账款周转率	营业收入/［（应收账款期末余额+应收账款上年年末余额）/2］	
盈利能力分析	营业毛利率	（营业收入−营业成本）/营业收入×100%	
	营业净利率	净利润/营业收入×100%	
分析与评价			

会计贴士

以上财务分析指标是针对本实训企业北京宏达的实际情况而选取的。由于不同的企业具有不同的性质，在实际工作中，会计人员可以根据企业的实际情况选取合适的财务分析指标进行财务分析。

二、智能化操作步骤

根据北京宏达 2023 年的财务报表，登录用友 U8 的企业应用平台，用自定义的方式编制企业财务分析表并生成数据，具体操作步骤如下。

（1）在计算机 E 盘中新建“财务分析”文件夹，用以保存接下来生成的企业财务分析表。

（2）以账套主管“CW001 李霞”的身份登录企业应用平台，进入 UFO 报表管理系统，设计企业财务分析表格式。企业财务分析表的格式设置要求如下。

① 表尺寸为 8 行 4 列。

② A1 单元格至 D1 单元格、A4 单元格至 A5 单元格、A7 单元格至 A8 单元格分别为组合单元格。

③ 第 1 行的行高为 15 mm，第 2～8 行的行高为 10 mm，第 A 列和第 B 列的列宽分别为 30 mm，第 C 列的列宽为 70 mm。

④ A2 单元格至 D2 单元格、C4 单元格至 C8 单元格的单元属性分别为水平方向居左对齐、垂直方向居中对齐，其余单元格的单元属性为水平方向居中对齐、垂直方向居中对齐；C4 单元格至 C8 单元格的单元属性为文字在单元内折行显示；D5 单元格、D7 单元格和 D8 单元格的单元格格式分别为百分号，小数位数为 2。

⑤ A3:D8 单元格区域有“网线”表格线。

（3）定义报表项目公式并生成数据。报表项目公式设置如表 5-3 所示。

表 5-3　企业财务分析表

单位：　　　　　　　　　　　　日期：　　年　　月　　日

项目	指标	公式	数值
偿债能力分析	流动比率	流动资产合计/流动负债合计	"E:\财务报表\资产负债表"->B20/"E:\财务报表\资产负债表"->E20
	资产负债率	负债合计/资产总计×100%	"E:\财务报表\资产负债表"->E33/"E:\财务报表\资产负债表"->B46
营运能力分析	应收账款周转率	营业收入/［（应收账款期末余额+应收账款上年年末余额）/2］	"E:\财务报表\利润表"->B5/(("E:\财务报表\资产负债表"->B11+"E:\财务报表\资产负债表"->C11)/2)
盈利能力分析	营业毛利率	（营业收入-营业成本）/营业收入×100%	("E:\财务报表\利润表"->B5-"E:\财务报表\利润表"->B6)/"E:\财务报表\利润表"->B5
	营业净利率	净利润/营业收入×100%	"E:\财务报表\利润表"->B26/"E:\财务报表\利润表"->B5

（4）将已生成数据的企业财务分析表命名为“企业财务分析表”，并将其另存到事先建立的“财务分析”文件夹中。

实训指导 »

一、手工操作指导

手工操作指导如表 5-4 所示。

表 5-4　手工操作指导

序号	项目	二维码
1	企业财务分析	

二、智能化操作指导

智能化操作指导如表 5-5 所示。

表 5-5　智能化操作指导

序号	项目	二维码
1	设计企业财务分析表格式	
2	定义报表项目公式并生成数据	

实训评价

各组派 1 名小组代表展示实训结果，并配合指导教师完成实训评价表（见表 5-6）。

表 5-6 实训评价表

考核项目	评价内容	分值	评价分数		
			自评	互评	师评
个人素养考核（20 分）	日常考勤与仪容仪表	5			
	责任意识与学习态度	5			
	团队意识与合作精神	10			
专业能力考核（80 分）	实训准备过程记录及讨论的完成度	10			
	实训过程的完成度	30			
	实训结果的完整性与准确度	40			
合计：自评分数（15%）_____+互评分数（15%）_____+师评分数（70%）_____=综合分数_____		100			
综合评价					
考评日期：		指导教师（签名）：			

智能会计实训六

管理会计档案

知识目标

- 熟悉会计档案的内容。
- 掌握会计档案的整理与保管要求。

技能目标

- 能够正确地整理与归档会计档案。
- 能够有效地保管电子会计档案。

素养目标

- 增强合规意识，严格遵守会计档案的管理规定与要求。
- 培养责任心，提高会计档案管理水平。

实训引入 »

会计档案（包括电子会计档案）是记录和反映企业经济业务的重要资料，对企业的经济决策、财务管理、审计监督等方面都具有重要意义。财务部主管李霞要求本部门人员加强对会计档案的管理，确保会计档案真实、完整、可用和安全，并按照规定对会计档案进行归档和保管。

实训分组 »

一、任务描述

按照企业会计档案管理的规定与要求，整理与保管北京宏达的会计档案。

二、任务分工

全班学生以 4～6 人为一组进行分组，每组设 1 名组长。小组成员共同讨论任务分工并将分工情况填到表 6-1 中。

表 6-1　小组成员及分工情况

小组成员	姓名	学号	任务分工
组长			
组员			

实训准备 »

一、知识准备

在实训开始前，请各组思考以下问题，并进行讨论和分析。

（1）会计档案包括哪些内容？

智能会计实训六
知识准备

（2）会计档案的保管要求有哪些？

（3）会计档案的保管期限分别为多久？

二、资料和用具准备

（一）手工操作所需资料和用具

手工操作需要用到北京宏达2023年12月的账务资料，包括会计凭证、会计账簿、财务报表等（即实训一至实训四完成的各类账务资料）。手工操作所需用具如表6-2所示。

表 6-2　手工操作所需用具

序号	名称	单位	数量
1	原始凭证粘贴单	张	30
2	胶水	瓶	1
3	回形针	盒	1
4	打孔工具（如锥子）	个	1
5	装订机	台	1

（续表）

序号	名称	单位	数量
6	装订线	条	4
7	账夹	套	5
8	会计凭证封面、封底	套	2
9	会计账簿封面、封底	套	4
10	财务报表封面、封底	套	2

（二）智能化操作所需资料和用具

智能化操作需要使用用友 U8 及移动硬盘进行操作，需要用到的资料为北京宏达 2023 年 12 月的账务资料（即实训一至实训四设置和输入完成的各类账务资料）。

实训步骤 »

一、手工操作步骤

根据实训一至实训四的实训结果，收集北京宏达 2023 年 12 月的各类账务资料，并对其进行整理与归档，具体操作步骤如下。

（1）将记账凭证按要求进行编号，然后按编号顺序将记账凭证连同所附的原始凭证一起加具封面、封底，并装订成册。

（2）将会计账簿按总账、明细账等分类要求进行编号，并装订成册。

（3）将财务报表按资产负债表、利润表的顺序加具封面，并装订成册。

二、智能化操作步骤

根据实训一至实训四的实训结果，分别登录用友 U8 的企业应用平台和系统管理，导出并保存企业账簿及账套，具体操作步骤如下。

（1）将准备好的移动硬盘连接到计算机。

（2）在移动硬盘中建立“会计账簿”文件夹，然后在该文件夹下建立“总账”的子文件夹。以账套主管“CW001 李霞”的身份登录企业应用平台，将各科目的总账输出至“总账”文件夹。各科目的总账及其所含的表（工作单）分别以该科目的名称命名。

（3）在移动硬盘中建立“北京宏达企业账套”文件夹。以系统管理员“admin”的身份登录系统管理，输出“[001]北京宏达金属工业有限公司”的账套数据，并将输出文件位置设置为移动硬盘上的“北京宏达企业账套”文件夹，系统将自动输出账套数据。

实训指导 »

一、手工操作指导

手工操作指导如表 6-3 所示。

表 6-3　手工操作指导

序号	项目	二维码
1	会计凭证归档	
2	会计账簿归档	
3	财务报表归档	

二、智能化操作指导

智能化操作指导如表 6-4 所示。

表 6-4　智能化操作指导

序号	项目	二维码
1	导出账簿	
2	输出并保存账套	

实训评价 »

各组派 1 名小组代表展示实训结果，并配合指导教师完成实训评价表（见表 6-5）。

表 6-5 实训评价表

考核项目	评价内容	分值	评价分数		
			自评	互评	师评
个人素养考核（20 分）	日常考勤与仪容仪表	5			
	责任意识与学习态度	5			
	团队意识与合作精神	10			
专业能力考核（80 分）	实训准备过程记录及讨论的完成度	10			
	实训过程的完成度	30			
	实训结果的完整性与准确度	40			
合计：自评分数（15%）_____+互评分数（15%）_____+师评分数（70%）_____=综合分数_____		100			
综合评价					
考评日期：		指导教师（签名）：			

参考文献

[1] 陈国辉．基础会计实训教程［M］．6 版．大连：东北财经大学出版社，2022．

[2] 孙万军．会计综合实训［M］．5 版．北京：高等教育出版社，2022．

[3] 蒋虹，李团团．会计综合实训［M］．北京：人民邮电出版社，2021．

[4] 高慧，林晓薇，程巧凤．基础会计仿真实验［M］．北京：航空工业出版社，2020．

[5] 周惠．企业会计仿真实训［M］．大连：大连理工大学出版社，2020．

[6] 熊素宜，张香芹．会计信息系统应用［M］．上海：上海交通大学出版社，2023．

[7] 王新玲，汪刚．会计信息系统实验教程［M］．3 版．北京：清华大学出版社，2022．